Brian Schider
Crystal Schider
ブライアン・シャイダー
クリスタル・シャイダー
草笛 哲〈訳〉

Divine Inception

ディバイン・インセプション

クリスタル・チャイルドが語る宇宙と生き方

The evolving universe through the words of a lucid presence

ナチュラルスピリット

ディバイン・インセプション　もくじ

III　スピリット誕生　85

Ⅳ　地球で生きる奇跡

本書に収録されている「神からのメッセージ」はいずれも著者によるチャネリングで得た情報です

ディバイン・インセプション　クリスタル・チャイルドが語る宇宙と生き方

はじめに

ぼくはこの本をまず日本人のためだけに書いた

宇宙を流れゆく力《フォース》とは何だろう？　ぼくらは何者で、どうしてここにいるのだろう？　人類が誕生して以来、いつだってぼくらはこの二つの問いかけに大いに頭を悩ませてきた。この本には、いまだ解明されない生命の神秘への答えがちりばめられている。知識は大いなるパワーだ。このパワーをうまく使うには、叡智と理解が必要になるが。

この本をたった一日、あるいは一ヶ月、あるいは一年という短い期間で書き上げてもよかったが、ぼくはあえてじっくり時間をかけて公開することを選んだ。ぼくを知らない人のために最初に断っておくけれど、生まれてこの方、ぼくはスピリチュアルというくくりの本を一冊も読んだことがないし、ある決まった信仰を持ったこともない。幼い頃から、この宇宙をつくった創造主と対話し、他の宇宙をつくった創造主たちとも対話を重ねてきたんだ。ぼくのひらめきは神からのみやってきたもので、これまでぼくが感化されたのも神のみというわけ。

この本は、特定の宗教や、特定の信仰体系を推奨するために書いたのではない。ここにあるのは一個人のバイアスのかかっていない視点だけで、どんな宗教や迷信であれ、一切影響を受けていない。ぼくに語れるのは、神意識に触れたときに自分が感じたことや体験したことだけだ。

宇宙の真理は、科学的視点とスピリチュアルな視点の二つから説明できる。だからその二つの視点を含んだ本を君に贈ろう。ぼくらが生きているのは、神秘と神聖なる奇跡に満ちた世界で、そこに基本的な知識、プラス、理に適った説明があれば、君の目の前にはもっと広い世界が開けてくるだろう。あるいは、君がすでに知っていることを再確認する機会になるかもしれない。

文章を書くのは決して得意ではないが、ぼくが体験した喜びと素直な驚きの気持《ワンダー》ちを語るとき、言葉は自然とあふれだし、ぼくのハートから君のハートへと流れていく。

ぼくは生まれたときからこの世界を超えたさまざまな世界の存在を知覚し、つながることができたんだ。それはずっと意識的に使うことのできた能力で、今こそ、そこで知り得た知識を共有するときだと思っている。本当は二〇一二年十二月二十一日より前に公にしたかったけど、まずは偽りの予言の結末を自分の目で見て真実を体験してもらいたいと思った。いよいよ真実を世に出すときだ。この本をきっかけに、ぼくのような人間がもっと表舞台に出て、本物のスピリチュアリティを分かち合えるようになることを願っている。

実際のところ、この世界は、実生活にスピリチュアリティを応用することを、ずいぶん長い間おざなりにしてきたと思う。でも、ようやく真実を知るときが来たんだ。準備は整った。でも、いざ公開となったら、果たして人はそれを受け入れてくれるだろうか？　取るに足らないものとして片付けられてしまわないか？　問題はそこにあると思うんだ。だから、ぼくはこの本を、日本の読者のためだけに書いた。他の国々が真実に目覚め、真理を受け入れる段階に来たとぼくに感じられたら、この本は他の文化圏の人々にも役立つものになるだろう。その日が来るまで、ぼくの本の読者は日本の人々だけだ。どうしてかって？　この本に綴られた真実を理解し、受け入れる準備ができている民族は数えるほどしかいなくて、そのなかに日本人が入っているからだ。なんたって日本という国は、古来より真実が受け入れられ統合されてきた場所なのだから。

I　ぼくの真実

ぼくの真実を話そう

この世に生を享《う》けた瞬間から広大な世界の存在に気づいていた

これから変化が訪れようとしている。だからといって世界が消滅するわけじゃない。真実はすでにここにあるのだから。アセンションというのはごく簡単なことなんだ。ただ上昇《アセンション》するだけでいい。さあ、あらゆる可能性に心を開いて、さっそくぼくと一緒に旅に出かけよう。

ぼくの名前はブライアン・シャイダー。この世に生を享《う》けた瞬間から、広大な世界の存在に気づいていた。それはたいていの人が見る世界をはるかに超えた世界だった。幼いぼくの世界は、スピリットの世界であり、この宇宙を超えた世界だったんだ。物心ついたときから霊と話すのは当たり前のことだった。生まれつきヒーリングの能力があって、日常的に何かしらを直感的に悟っていた。今よりもっと若いときには、誰もがぼくと同じ能力を兼ね備えているものとばかり思っていた。でもあるとき気づいたんだ。何に？　ぼくが使いこなしている能力を他の人が「休眠」させていることに。気がついたのは、ずいぶんあとになってからだった。だから、子ども時代から青年期にかけては、自分のヒーリング能力や直感力は、才能というよりも、むしろ忌むべき呪いに思えた。他人のことが「わかりすぎ」て、相手の魂や進むべき道が見えてしまい、それをうっかり漏らして相手を怖がらせたこともあったから。

ぼくの使命は人々が意識を広げる手伝いをすること

ぼくが生まれ育ったのは、極度に閉鎖的な世界だった。周りの住民は既存の宗教観以外にはまるで理解がなくて、他の宗教を信じる人間をひどく偏見のこもった目で見ていた。アメリカという国にあってわざわざ宗教的偏見の強いこの閉鎖的な地域に、意識の目覚めたぼくが生まれたことは、人生の皮肉としか言いようがない。

他の子どもと違っていたせいで、よくからかわれたり、いじめられたりした。でも、ぼくにはわかっていた。自分の使命は、与えられた才能をよい方向に使って他の人々を助けることなんだって。人間がどれほど残酷で痛みに満ちた生き物であろうと、ぼくはそんな人々に手を貸し、導くためにこの地球にやってきた。痛みや悲しみ、怒りは克服できるもので、変容できるものだと心のどこかで知っていた。痛みのなかに存在する美しさを発見し、そこにある学びを理解すれば、喜びに変えられる。ぼくはその手伝いにやってきたんだ。人々が意識を広げ、高次の自己《ハイアーセルフ》を肉体レベルの自己に統合するのを助けるために。

ぼくがやろうとしていることが、言うほど簡単な作業ではないことは知っている。人間には頑固な面があるし、直感の大部分が休眠状態にあるから。そんなぼくに、神はこう言ったんだ。ぼくが鏡になって相手のスピリットを映し返し、ほんの一瞬でも相手にスピリットを感じさせられれば、その人は自分のスピリットを断片的にでも感じ取り、やがてハイアーセルフとつながるだろうって。結局、いつだってそれが最終目標なんだ。

つまり真の自分を感じることが大事ってこと。

ハイアーセルフの存在を感じ、つながることで、人は、神または本源を知ることができる。これはイエス・キリストが伝えたかったことと同じだ。イエスは神を感じるために自分の内面を見たと言ったけど、それは内面を通してハイアーセルフとつながったという意味なんだ。ハイアーセルフはつねに神の一部だ。それがイエスのメッセージだった。なのに、時間の経過とともに教えはゆがめられ、「神に到達するにはイエスを介する必要がある」というキリスト教特有の解釈に様変わりしてしまった。もちろんそれは真実ではないし、イエスが教えようとしたことでもない。イエスが望んだのは、一人ひとりが自力でハイアーセルフとつながり、ひいては神とつながることだったのだから。

物事の意味が、受け渡される過程で取り違えられ、個々人や組織の考え方に合うように都合よく解釈されていくのは、見ていて興味深いものがある。

クリスタル・チルドレンはスピリチュアルに目覚めている

インディゴ・チルドレンやクリスタル・チルドレンがどういう存在かは、すでにたくさんの情報が出回っているが、ぼくに言わせれば、そうした呼び名やレッテル自体が、ぼくらをひとつにする代わりにバラバラにしてしまう。誰もが才能を持った特別な存在なんだ。自分の才能になかなか気づけなかったとしてもだ。

インディゴ・チルドレンやクリスタル・チルドレンは特定の期間に生まれるというのが通説だけど、事実は違う。インディゴもクリスタルもずっと前から地球にいたし、地球がこの宇宙に必要なくなるまでこれからも存在しつづけるだろう。

クリスタル・チルドレンというのは、生まれたときからスピリチュアルな意識に目覚め、すべての能力が開花している人間をいう。知的で感受性が高く、いろいろな直感能力を備え、なかでもヒーリング能力は驚異的だ。大人であれ子どもであれ、たいがいは大勢で集まるより一人で過ごす方を好むが、本領を発揮しているときはとても社交的になる。大声や悲鳴は耐えがたくて、怒鳴り声や悲鳴を耳にしたり極度の怒りにさらされたりすると、エネルギー的にシャットダウンしてしまう。他者にコントロールされたときもそうだ。決断をコントロールされるなんてもってのほかだ。また、桁違いの共感能力があるので、いかなる抑圧もだめときている。うつ状態になってしまうんだ。そういった意味で、クリスタル・チルドレンはうつ病になるリスクが高いといえるかもしれない。

クリスタル・チルドレンはその気になればどの分野でも秀でることができる。スピリットの波動が非常に高く、どんな対象も自由にチャネリングできて、失敗とは無縁の存在なんだ。いくつになっても子どものような純真さを持ち、世界のあらゆることに対して素直に驚く感性を持ち続けられるのも特徴の一つに挙げられる。

クリスタル・チルドレンの高いエネルギーを安定させられるのは唯一地球で、だから地球とつながるのは不可欠な要素といえる。クリスタル・チルドレンという呼び名も決して偶然の産物ではない。地球内部で成長・形成されるクリスタルも、クリスタル・チルドレンと同じようにエネルギーとヒーリングの周波数を持っているんだ。

インディゴ・チルドレンは自分の能力に無自覚で頑固

インディゴ・チルドレンという存在も、クリスタル・チルドレンとまったく同じ能力を持って生まれる。唯一違うのは、インディゴが自分の能力にほとんど無自覚な点だ。頑固になりがちで、実際、ぼくの出会ったインディゴ・チルドレンの実に多くが頑固だった。一度こうと決めると、真実に触れてもなかなか自由になれない。また、スピリチュアルな目覚めが始まったばかりのインディゴは、それまで無意識に使っていた能力を思い出すと同時に、パワーへの欲求に取り憑かれる傾向がなきにしもあらず。

インディゴ・チルドレンにしてもクリスタル・チルドレンにしても、ちゃんとした洞察力を身につける必要があるとぼくは思う。偽の予言者を崇拝したり、偽りの現実を広める教義に陥ったりしないように、自分や他者の思考にもっと意識的になる必要がある。そうすれば偽りの現実を見抜いて、いろいろな物の見方や判断、意図、欲、権力《パワー》の本質が見極められ、結果、ぶれることがなくなり、幻想の罠にはまらずに済むだろう。

ぼくの学校生活は毎日が拷問だった

ここらへんで、生まれながらにして目覚め、気づいている者たちのことを語ろう。君のなかから憎しみが解放され、愛が湧いてくることを願って。

クリスタル・チルドレンを妬み、そのパワーを欲しがる人がこの世の中にはたくさんいる。でもそれは、本の中身を見ずに表紙だけでその本の価値を決めつけるようなものだ。その子がどんな幼少時代を送ったかに思いを馳せたことはあるかい？　どんな心の痛みを経て今があるかをよく考えもしないで、今、相手が持っているものだけを見てそれを欲しがるなんて、虫がよすぎる話だとは思わないかい？

ぼく自身、幼少時代は自分の身に起きる不思議な出来事について誰にも話せずに、何度もつらい思いをした。友達が少なくて、学校生活は毎日が拷問だった。まるで疫病にでも罹っているかのように人から避けられたり、同級生にからかわれたりしたんだ。でも、どんなに嫌われても、ぼくには相手を憎むことなんてできなかった。

クリスタル・チルドレンは、概して孤独で多感な生活を送りがちだ。レッテルなんて自ら貼りたくないけど、あえて言うなら、ぼくもクリスタル・チルドレンの一人だ。当時は毎晩、泣いて過ごした。ところがある日、自分が抱えている悲しみの理由がわかった瞬間、悲しみが消え去ってくれた。ぼくをからかった同級生たちは大きな痛みを抱えていて、はけ口が必要だったんだ。ぼくをからかう以外に自分たちの痛みを解放してバランスを取り戻す方法を知らなかった。いじめられている側だというのに、加害者のために涙を流すなんて、正直、歯がゆかった。

肉体的・精神的ないじめは他にもあった。でも、自分の感覚を他の子どもたちや先生たちに話す気にはならなかった。伝えようとしたこともあったけど、意識が目覚めていない人間にいくら直感について話したところで意味がないと気づいてやめたんだ。

下級生の女の子の虐待の事実を直感で知ったとき

自分の直感能力をあえて隠さなくてはならないときもあった。あるとき、学校に向かうバスのなかで、下級生の女の子が虐待を受けているのを感じた。本人が言ったのではなくて、感覚的に読み取ったんだ。学校に着くと、さっそく先生に報告した。それが正しい行動だと思ったから。すると先生は「どうしてそれがわかったんだい？」と聞いた。ぼくは理由を言いたくなかった。その子の口から直接聞いたのではなくて、すべてが感覚によるものだったし、正直に言ったところで厳しく罰せられるのは目に見えていたから。直感で読み取ったなんて口にしてごらん。単なる作り話と決めつけられて、サイキック能力があると言ったことで笑われるに違いない。それがぼくの育った土地だったんだ。住人がサイキックの存在を受け入れる土壌なんて皆無に等しくて、みんなどこかしら心の冷たいところがあった。

ぼくは嘲笑や批判を避けるために、本人から聞いたと先生に嘘をついた。翌日、その子はバスに乗ってこなかった。あとでわかったことだが、その子は父親と兄に性的虐待を受けていたんだ。何年後かに、兄は複数の少女への傷害罪で収監された。

この話からもわかってもらえると思うけど、人間には言葉で説明できない感覚を感知することがある。その感覚がつきまとい、どこに行っても何をしても頭から離れないということがあるんだ。誰もが生まれつきサイキックな感覚を持っているが、その能力を使うには、ただ感じるだけでいい。耳で聴く代わりに、ハートとマインドで聴くんだ。

ぼくは女の子の虐待を知った本当の理由を言わなかったことで、罪悪感に苛《さいな》まれた。人助けであろうとなかろうと、嘘をついたことで、神や天使に断罪されると思ったんだ。だから、神に尋ねた。辞書に書いてある「嘘」という言葉の真の定義についてだ。以下はそのときにチャネリングで得た答えだ。

神からのメッセージ その1　嘘と真実

嘘はあなたとあなたの愛する人を傷つけます。真実もしかりです

嘘はあなたを傷つけます。あなたの愛する人々を傷つけ、あなたを変えてしまうこともあるでしょう。真実もまたあなたを傷つけます。あなたの愛する人々を傷つけてしまうこともあります。エネルギーという点において、嘘も真実も同じです。真実と称して日々、嘘を生きている人は大勢います。自分は何者をもってしても太刀打ちできない強大な力を持っていると信じ込んでいる人もいます。内なる光と美しさが見えないほど苦しい嘘のなかで生きている人もいます。あるいは、人間がいかにネガティヴなものを映し出していようとも、性善説を真実として受け入れ生きている人もいます。性善説を受け入れている人は自分と対極にある人物を引き寄せ、相手の素晴らしさを引き出そうとしますが、どんなにがんばっても相手は内なる闇に従って行動するでしょう。この種の真実は痛みをもたらし、そこにはこんな学びがついて回るのです。

つまり、誰もが内なる善や美しさを持っているが、必ずしもそれを表現するわけではない。表現したときに何が起きるか怖いからです。

あなたが幸せになる秘訣を誰かが教えてくれることはありません

真実は痛みをもたらすこともあれば、安らぎをもたらすこともあります。人を悟りに導くこともあれば、破滅に追い込むこともあります。このことは真の現実と偽りの現実の関係性をよく表しています。

大半の人間は条件づけによって信念体系の基盤が形成されます。ある人にとっての真実は、実際の現実とは何ら関係ないかもしれません。人は自分を縛りつけている一方の側の真実の鎖を断ち切ろうと必死でもがきますが、このプログラムは幼い頃から始まり一生涯続くのです。そろそろ幼少の記憶を見直すときです。大切な成長期に教えられたことを振り返ってください。なぜ、あなたはそれを教えられたのでしょう？すべてが本当の情報ですか？　次にあなたの人格形成に関わった人々を振り返ってみましょう。彼らは子ども時代、自分が正しいと思う言動をしていたでしょうか？　彼らが正しいと思ってあなたに与えた助言は、その人自身が過去においてやったことの真逆に過ぎなかったのではありませんか？　結局のところ、あなたが幸せになるための秘訣を、親や友人や先生に教えてもらうことはできないのです。洞察を与え、触発してはくれても、最後には結局、自分でやるしかありません。

あなたの役目はその人を嘘へと追い込んだ痛みを理解してあげることです

嘘と同じくらい痛みに満ちた真実もたくさんあります。嘘をきっかけに真実を探しはじめた結果、もっと賢くなる人もいます。嘘が害をもたらすこともありますが、嘘の概念そのものは学びを与えてくれるのです。人間は怖れゆえに嘘をつく生き物ですが、その怖れに判断を下すのは、あなたの役目ではありません。あなたの役目は、その人を嘘へと追い込んだ痛みを理解してあげることです。

ごく一般的な話として、人は嘘をつくのを嫌います。たとえば仲のいい友人が夕食を作り、それがおいしくなかったとしましょう。あなたは、友人が丹精込めて料理してくれたことを知っています。もし正直な感想を伝えたら、友人は傷つき、努力が報われなかったと思うでしょう。でももし嘘でもいいから「おいしかった」と褒めてあげれば、友人は料理に注いだ努力が報われたと思います。人間は、ときに大切な人の心をいたわるために嘘をつくものです。

では、同じ友人が、才能がないのにミュージカルのオーディションを受けようとしているとしましょう。この場合、友人は自分のことがまったく見えていません。ですから、たとえ友人に嫌な思いをさせたとしても、あなたは真実を伝える必要がありま す。ここで嘘をついてしまったら、友人は根拠のない自信でミュージカルの世界に入ってしまい、歌を上達させてくれるよき助言があっても耳を貸さないでしょう。なぜ歌の才能については真実を伝えるのに、料理については嘘をつくのでしょう？　味が自分の好みでないとしても、その料理にかけた友人の真心と努力に感謝することはできるからです。

嘘をつくたびに、あなたはバランスの取れた真実から遠ざかっていきます。偽りと真実が半々の嘘もあれば、偽りばかりの嘘もあります。嘘はいいことではありませんが、必ずしも悪いとは限りません。考えてみてください。嘘が人の命を救うこともあれば、薬物乱用を防いだり、怨恨による犯罪を止めたりすることもあります。嘘のエネルギーが別の嘘（または真実）のエネルギーを相殺してくれることがあるのです。

真の偉大さは誰のなかにもあります。そろそろ目隠しを取りましょう

つねに正直であることが大事です。相手を傷つけずに真実を伝える方法を見つけましょう。真実は痛みをもたらすこともありますが、同様に、痛みを緩和することもあります。そこでは自分以外の視点を理解することが重要です。自分だけの視点から物事を見ていると、真実の大半を見逃してしまいます。同僚を嫌うのは簡単ですが、もし次にそんな気持ちになったときには、相手の痛みを早々と判断する前に、少し立ち止まってみてください。相手の痛みの一面が見えたからといって、その人の全人生、あるいは現在に至るまでの体験すべてが見えたわけではないのです。

人と人が分離したままでは、人類はアセンションできないでしょう。他人の持っているものを欲しがっていても前進は望めません。多くの人が、人生のある時点で内なる葛藤を体験します。「自分を幸せにしてくれる」と思うものを見つけ、他人がそれを持っていると半狂乱になることさえあります。相手を妬むあまり、自分の欲しいものがこの世に存在する喜びを忘れてしまうのです。この世に存在するからこそ、手に

入れられます。持っているものと持っていないもの、その両方に喜びを感じましょう。お気に入りのシャツを天国に持っていけなくても、それを着ていたときの楽しい気分は持っていくことができます。人間は物質に重きを置きすぎています。いかなる形であれ、悟りを得るには、物質的願望を捨てなければなりません。人は内なるやさしさと慈愛の心を持っています。真の偉大さは誰のなかにも存在します。そろそろ自分につけた目隠しを取りましょう。

真実を伝えるときは、伝え方に気をつける必要があります

人はもともと、一面的な考え方をするものです。物事を黒か白かで判断します。嘘と真実を見比べてみたときに、すべての嘘を悪いと思う人もいるでしょう。確かにその考えは正しく、例外なく嘘は悪いものといえます。しかし、だからといって真実がすべてよいものかといえばそうではなく、ときに大きな打撃を与えるほどに有害な真実もあります。人にダメージを与える真実は、たいていの場合、無害な嘘から発生するものです。

たとえとして、先の料理のへたな友人の話に戻りましょう。友人はあなたのために二十年間、料理を作り続けた末に、あなたがずっと料理をまずいと思いながら食べていたことに気づきます。二十年もの間、嘘をつかれていたことを知った友人は、大きなショックを受けるかもしれません。スピリチュアルな視点からすれば、正直な意見を伝えるときには、その伝え方に十分気をつける必要があります。

自分のところに来たクライアントに向かって「ネガティヴな存在《エンティティ》が憑いている」と言うサイキックがいます。その情報に過剰に反応したクライアントは、さらに多くの存在《エンティティ》を引き寄せるかもしれません。真実だと感じたことを口にする場合には、まず最初に、いかにその人が愛されているかを伝え、それからそっと真実を伝えましょう。苦痛は大事なことを教えてくれる教師です。これ以上ないネガティヴな体験も、よりポジティヴな世界への道を照らし出してくれることがあります。そのことを伝えましょう。存在《エンティティ》が憑いていると言って怖がらせるのではなく、相手の苦痛に善し悪しをつけないで、苦痛と直接つながり、苦痛のなかにある美しさに気づかせてあげましょう。そうすれば存在《エンティティ》も離れていきます。そうすれば、相手は恐怖を感じることなく、その学びを乗り越えることができます。

あなた方は全員、スターピープルです

この世は素晴らしいものであふれているというのに、人間は日常生活に追われ、目の前にあるものが見えなくなるときがあります。自分が誰であるかを理解するには、あなたの兄弟姉妹である天使たちを理解する必要があります。人間は数ある神のモデルの一つに過ぎないのです。それを理解するために、まずは地球とつながっていてください。地球は宇宙の粒子から成り立ち、その粒子は時間とともに進化してきました。その意味において、あなた方は全員、スターピープルです。

サイキック、ヒーラーの役割

相手の可能性を見抜いて、その実現を手伝うのがサイキックの役目

サイキックやヒーリングの能力を持つというのは、実際のところ、どういう意味があるのだろう？　解答のない難題に挑むように、ぼくは常々そう自分に問いつづけてきた。荒れ狂う感情に、論理は安らぎを与えてくれるが、その一方で、論理だけでは説明不可能なことって確かにある。ＥＳＰ（超感覚的知覚）をはじめとするサイキックについての研究はまだ日が浅く、こうした能力を持つ人間の可能性についてはいまだ完全に否定し切れていない現状がある。

サイキックというと、水晶玉で未来を見たり、宇宙人や天使と話したりすることを思い浮かべる人もいるけど、それはサイキックの能力の副産物でしかないんだ。じゃあ、**サイキック**って何だろう？　その主な役目は、相手の可能性を見抜いて、その実現を手伝うことだ。仮に相手の周りにネガティヴなエネルギーを感知したとしても、相手の

魂を上昇させて啓発しなくてはならない。古いタイプのサイキックに見られがちなのは、ネガティヴな情報ばかりをリーディングして、ポジティヴな情報を伝えるのを忘れてしまうことだ。相手をバランスの取れた状態にするためにも、サイキックはポジティヴとネガティヴの両方を見ることが重要だ。どんな学びの場面であっても、この二つがそろってはじめて両方の視点から物事を見れるし、状況も理解しやすくなる。「完全」というのは、二つの周波数がそろうことでもたらされるものなんだ。

世の中には空想の世界に住む自称サイキックがいる

理科の授業で習ったと思うけど、人間はプラスとマイナスの電荷を持っている。プラスとマイナスの周波数が**出会う**ことで、**完全**になる。つまり、バランスが取れる。人間の身体がそれだけで一つの完全体なのは、身体を構成する細胞が両方の電荷を帯びているからだ。それなのに、多くのサイキックやヒーラーがそのことを忘れ、片方の周波数しかリーディングしようとしない。ぼくはどうしているかって？　もちろん、両方のパターンを見ている。

サイキックやヒーラーのなかには、クライアントに面と向かって「エネルギーが汚れている」と告げ、そのネガティヴさをなじる者がいる。自分を守るためには白い光しか使ってはいけない、困ったときには特定の天使しか呼んではいけないと教える者もいる。ぼくからすれば、こうした自称サイキック、自称ヒーラーは、現実からかけ離れた「空想の世界」に住んでいると言わざるを得ない。繰り返すけど、バランスの取れたサイキックやヒーラーになるには、クライアントのポジティヴとネガティヴの両面をリーディングすべきなんだ。バランスの取れたセッションはクライアントにバランスをもたらし、ヒーリングエネルギーも長続きする可能性が高まる。

それから、受け取った情報をポジティヴ・ネガティヴと**判断**するのもよくない。考えてみれば、天使という存在は、人間を判断したりしない。それがよい学びであろうが悪い学びであろうが、善し悪しを判断しないで、その人に必要な経験をさせてくれる。その代わり、本来の道からはずれたときや、スピリットの望まない形でレッスンが邪魔されているときは、必ず介入して手を貸してくれる。天使や本源という存在は、そのためにいてくれるんだ。それ以外では、ぼくらがレッスンを学べるように放っておいてくれる。それに対して人間は、ポジティヴかネガティヴかを判断し、一つの視点、一つの周波数しか見ようとしない。

君が誰かを本当に助けたいなら、あたかも自分が本源であるかのように行動すべきだ。どういうことかというと、ハイアーセルフの視点から物事を見て、つまり相手を判断しないでポジティヴとネガティヴの両面を見て、その二つの視点から相手を導いてあげるんだ。それがサイキックの仕事の一つでもある。

テレパシー、勘、エンパスはナチュラルな能力

誰かに電話をかけようと思ったら、ドンピシャリのタイミングでその相手から電話がかかってきたことってあるかい？（あるいはその逆もしかりだけど）それは単なる偶然だろうか？　それとも人はテレパシー的な絆でつながり合っているのだろうか？　これは実際、世界中の何百万もの人に起きていることだが、偶然にしてはやけに多すぎると思わないかい？

誰かのことを考えていたら、その相手から電話がかかってきた……。この単純な現象が何百万人の単位で起きるとき、そこには偶然とは真逆の可能性がはらんでいる。それってどういうことだろう？　答えは簡単。人間はテレパシーでつながっているという

以外、説明のしようがない。エネルギーは至る所に存在するんだ。この宇宙全体と、それを超えたところにも存在している。

ある特定の人や状況に関して嫌な予感がして、あとになってその勘が当たっていたということがある。こうした感覚を本能と呼ぶのはまさにそのとおりだ。勘というのは、人間の本能的・直感的な反応を言う。そして勘は、相手や状況に精神的・感情的な執着がない状態で、先入観なしにありのままをリーディングしているときに働く傾向がある。

その一方で、相手の悩み相談を聞きながら、その人の痛みを自分のことのように感じることもある。「エンパス（共感能力）」と呼ばれるこの能力は、「クレアセンティエンス（クリアに感じる）」というサイキック能力の一種だ。相手の痛みをエネルギー的に感じ取り、自分の細胞に取り入れてプロセスすることから起きる現象で（ちなみに細胞自体もエネルギーだ）、そのために相手の痛みをひしひしと感じる。

エンパスにありがちなのは、他人のエネルギーを読み取って感じるまではいいけれど、そのあとにそれをどう解放したらいいかわからなくなってしまうことだ。エネルギーを取り込んだら変容させて解放すればいいものを、逆にしがみついて引きずられ、自分のエネルギーまで重くなってしまう。なかには病気にまでなってしまう人もいる。

最強のヒーラーになりたいなら、単純なステップこそが大事

長年、ヒーラーとサイキックをやってきた経験から気づいたことだけど、ほとんどの人が他人から受けたエネルギーを手放したがらない。おまけに、誰かの持っているエネルギーや状況を判断して、そのエネルギーを自らが体験するのを怖がる。最先端のヒーリングのクラスの受講生に限って「エネルギーを手放し、変容させる」という基本中の基本を覚える時間を惜しむのは、ちまたの宣伝に翻弄されて「世界一パワフルなヒーラーになりたい」という願望ばかりが大きくなり、この初歩的ステップをないがしろにする傾向にあるからじゃないかな。

「最強のヒーラーになる方法を教えてほしい」と言ってワークショップに来る人がいる。こういう人は、パワーとは高度で複雑なものだと思い込んでいる。でも真のパワーは内面から来るものであって、それを手に入れるには、単純なステップこそが大事なんだ。しかしそんな願望を抱く面々は心の目がくらんでいるから、単純な答えにはまるっきり関心がないときている。

真のパワーを見つけられるのは、内面への旅の途中で出会う心の層を一つひとつはが

してバランスを取り、理解を深める者だけだ。この段階に達すると、パワーの効能ではなく、パワーの本質を知ることになるだろう。内なるパワーを発見した人々は、それをパワーとは呼ばずに自分自身と呼ぶ。パワーとは、完全体としてのスピリットであり、内なる宇宙であり、イエスの言う「神に出会える場所」だ。内面こそが、自分と出会い、魂に出会い、宇宙や神々、神なる本源に出会える場所なんだ。ぼくらはみんな互いにつながっていて、「己を知る」ことこそが、この旅で最も役に立つ。

だから、もし君がよいサイキックになりたいなら、セッション終了後（あるいは誰かに会ったあと）、自分がなぜその人のエネルギーを手放せないか、変容させられないか、その理由を調べてみてほしい。そのエネルギーにしがみついているのはどうしてだろう？　そのクライアント（または友人、家族、見知らぬ他人）の学びが自分の学びと似ているから？　そのエネルギーが過去の学びを思い起こさせるから？　ぼくの経験から言わせてもらえば、エネルギーがくっついて離れないのなら、そこには必ず目的がある。逆に、簡単に手放せるなら、君はその領域でバランスが取れているってこと。サイキックは誰もが持つ自然な能力だけど、それは人間のマインドが進化したものだ。

スピリットは経験を求めて喜びや悲しみ、苦痛や欠点だらけの人間の人生を体験する。人の身体は一人ひとり違いがあるけど、器官や臓器の種類や数はみな同じで、同じパターンで機能している。それはリーディングする際の一つのカギになる。誰かのエネルギーパターンを読むには、その人の肉体が体験したことをリーディングすればいい。それには、ただ感じるだけでいいんだ。

生まれつきのサイキックもトレーニングを積んでいる

人間は、肉体とマインドのトレーニング次第でどんな状態にもなれるが、それとは別に、芸術的才能から天才的頭脳、建築の才能、ひいてはヒーリング能力、サイキック能力に至るまで、生まれつき才能に恵まれている者がいる。その生まれつきの才能やスキルによって、人にはマスターしやすい能力や教えといったものがあるのは確かなことだ。

ぼくはピアノを弾けないが、誰かに習って練習すれば、ある程度のレベルまでは弾けるようになるだろう。ぼくより覚えが早く楽々とマスターできる人は世の中にごまんといるが、そうした音楽的才能に恵まれた人ほどの上達は望めなくても、ピアノへの情熱さえあれば、ぼくは決して弾くのをやめはしないだろう。

サイキックやヒーリング能力にしても同じだ。生まれつき《ナチュラル》の才能がある人もいれば、たくさんの練習が必要な人もいる。ナチュラルなサイキックは自然に上達していくが、いくら才能に恵まれたピアニストでも練習が必要なように、生まれながらのサイキックやヒーラーにも練習は必要だ。「もっと能力を覚醒させたいなら、ぼくのセッションやワークショップで習ったエクササイズを練習すること」とぼくが言うと、ショックを受ける人たちがいる。そういう人たちは、ぼくが魔法の杖をひと振りすれば、宇宙にあまたある才能のすべてが突如、開花するとでも期待していたのかもしれない。残念ながら、ぼくにはそんな芸当できないし、スピリットも望んでいない。能力開花を早める手伝いはできても、その能力を理解して使いこなせるようになるには、本人の努力が必要不可欠なんだ。

　これは自転車の乗り方を覚えるのと同じ要領だ。自転車が倒れないように支えながら、ぼくが一緒に走ってあげることはできるけど、ある段階まできたら手を離し、君は自分でバランスを取ってハンドルを操作しなくちゃならない。バランスを保ちつづけられるかどうかは、練習あるのみだ。習得のペースに差はあるだろうけど、コツをつかむには誰もが等しく練習するしかない。バランスを取る感覚を覚えて、それを保ちつづける——。スピリチュアルな才能にしても同じだ。自分のサイキック能力やヒーリング能力を使いこなして、人生を舵取りするのは君自身なんだ。

　言ってしまえば、サイキックやヒーリング能力を目覚めさせるのは簡単だ。本人がやる気になってトレーニングにいそしめばいい。そうでなければ、何の意味もない。トレーニングなしに能力が目覚め、熟練の域に達した人間なんて一人もいないんだ。本人にその自覚がなくても、誰もが生まれながらの才能を持っている。エネルギーヒーリングを受け、しかるべき指導を受ければ、その生まれながらの才能が何かを知り、それを高めて、心の望むどんなことにでも秀でられるだろう。

学びを免除される人は一人もいない

よいヒーラーは癒しのエネルギーそのものとなって、ネガティヴな体験を悟りの体験に変えてくれる。そうしてマインドとスピリットの絆は強まる。よいヒーラーはその場の流れに乗るので、決してエネルギーをコントロールしたり無理強いしたりしない。ヒーリングの相手や相手が抱える状況を判断しないばかりか、相手のエネルギーさえ判断しない。終始、中立の立場で相手とそのスピリットに奉仕しながら、そこに存在する学びに気づくんだ。ヒーリングを受ける人の学びと、その周りの人々の学び、それからヒーラー自身の学びに。

どうしてそこにヒーラーの学びまでもが含まれるのだろう？　それは、学びを免除される人なんて、この世に一人もいないからだ。ヒーラーは、ヒーリングを受ける人と同じように、そこにあるエネルギーから学ぶ。よいヒーラーなら誰でも知っていることだが、ヒーリングの能力はそのレベルやテクニックで測れるものではない。それは唯一、ヒーラーの内面によって測られるものだ。

よいヒーラーは、学びが一生涯続くことを知っている。実際、自覚のあるなしにかかわらず、地球上のすべての人が生涯を通じて学びつづけているが、ヒーリングにおいては、教える立場であってもつねに学ぶ姿勢を忘れない。終わりのない自己ワークの必要性をひしひしと感じているからだ。ヒーラー自身が幅を広げ、成長し、理解を深めることが、すなわちヒーリングの能力を高めることにつながるのを知っている。

よいヒーラーはいつも相手の魂の美しさに気づいている。そしてそれを口にすることを怠らない。バランスがカギだと自覚し、バランスとは両極を包含するものだと知っている。この世界と人類を創造するには、プラスとマイナスの両極が必要だったことを知っているし、この世界と人類が完璧なバランスを取るためには、両極が必要なことも知っているんだ。

ヒーリングを成功させるのも失敗させるのも思考次第——七歳の少年の話

超感覚的知覚を発達させるうえで、思考は大きな役割を担っている。感情センターはあっけないほど簡単に思考形態の影響を受ける。その結果、マインドはすぐに曇ってしまう。ヒーリングは、思考次第でうまくいくこともあればダメになることもあるということだ。では、どういうときに思考をヒーリングに取り入れるのがいいだろう？

たいていの場合、これ以上ないくらい深いヒーリングが起きるのは、マインドに曇りがなく、静かで落ち着いているときだ。だったら、マインドが制御できないときに思考を使うのがいい。マインドが活発すぎて鎮まりようがないとき、たった一つの思考が他の余分な思考を霧散してくれることがある。ただしこの場合、中立な思考を使うのが大事だ。そうすれば、いらない感情を誘発しないで済む。

強い感情はヒーリングに役立ってくれるが、あまりにも強烈すぎて制御不能になると、純粋なヒーリングが起きないケースが出てくる。感情のアンバランスは怖れや判断につながり、苦痛と所有欲を生み出してしまうんだ。もし君が何かを失うのを怖がっているなら、あえて手放してみるのがいい。

　思考が邪魔をしてヒーリング能力を発揮できなかったヒーラーの話をしよう。ある日のこと、七歳の少年が飼い犬に朝のあいさつに行くと、犬が瀕死の状態にあるのがわかった。犬のエネルギーがそれを告げていたんだ。少年はこのときすでにヒーリング能力に目覚めていて、日頃から自己流でヒーリングをし、生まれながらの直感力を生かしてサイキックワークもしていた。それなのに、少年は急に怖くなってしまった。全身が凍りついて、ヒーリングどころじゃなくなってしまったんだ。少年は、愛犬には申し訳ないと思ったが、動揺を隠せないまま自室にこもってしまった。入れ違いに目を覚ました祖母は、犬の反応が遅いことに気づいて、非常時用の薬を与えた。犬は糖尿病持ちだったんだ。薬が効いて回復したことを祖母が伝えに行っても、少年は部屋から出ようとしなかった。何度も声をかけられてようやくドアを開けたとき、少年は祖母に尋ねた。自分がヒーリングできなかったことで、犬は怒っていないだろうか、と。祖母はその問いかけに大いに驚き、飼い犬の具合が悪くなったのは少年のせいではないと告げて安心させた。

　世の中には驚くべきヒーリング能力を持った子どもがいる。子どもは純粋だからヒーリングの結果に心を惑わせることはないだろうと思われがちだが、そんなことはない。ヒーリングに失敗したら犬を失うかもしれないという恐怖がよぎっただけで、一瞬にして少年はヒーリング能力を失ってしまった。エネルギーを送るというごく当たり前の反応に支障が生じてしまったんだ。思考はそれほどにパワフルだということだ。

少年はヒーリング能力そのものを失ってしまったのではなくて、そう思ったに過ぎない。ただそれだけなのに、恐怖の思考は全身を貫き、失敗と恐怖が彼の現実となってしまった。現実は思考によって決まる。もし君が牢獄に入っているような不自由な気分に陥っているなら、その状況をつくり出している自分の思考パターンを破るときだ。事実、ぼくらは思考であり、思考がぼくらだから。

ぼくらの進化に終わりはない

ヒーリングにまつわる情報は七十兆もの断片からなっている。七十兆頁の本を思い浮かべてみてくれるかい？　一頁読むのにどれくらいかかるかな？　一頁を一秒という速いペースで読む人がいたとしても、読み終わるまでに二二一万八二一三・五二年かかる計算になる。とても一人の人間にできることじゃない。

個々の断片をマスターできても、全部を一度にマスターすることはできない。ヒーラーやスピリチュアルな求道者にとってそれは何を意味すると思う？　ここで問われるのは、マインドと肉体とスピリットの進化なんだ。どれだけ知ったとしても、まだまだ知るべきことがある。スピリットはつねに動きつづけている。どんな形の悟りであれ、それを得るには進化が必要だ。もし君がスピリチュアルなクラスに行って、クラスが終わったあとも学びと実践の日々が続いているなら、そのクラスは役に立ったといえる。人生そのものが最大の教師だ。今この瞬間の体験がぼくらをつくり、今この瞬間が未来のぼくらをつくっているのだから。

神や神聖な人間は過去に興味がない。ぼくらが過去に何をしようが、善人であろうが悪人であろうが、まるで関心がない。今この瞬間のぼくらが重要だからだ。神や神聖な存在は、悪い体験でさえ前向きに生きる原動力になることを知っている。完璧さはスピリットが映し出された鏡だが、人間の側から見れば幻想に過ぎない。誰もが特別な目的を持って生まれてきたし、どの目的もみな平等なんだ。

痛みはぼくらを強くしてくれる

ヒーラーには、自らの思考プロセスや条件づけをあえて超えようとする気概が必要だ。

それは脳をリセットし、教えられた以上のことを受け入れられるように条件づけし直すことでもある。人間には凝り固まった考えを抱きつづけたり、目の前にある真実を無視したりすることがよくあるからだ。スピリチュアルだと自称しながらスピリチュアルなことをするとは限らない。

ヒーリングを通して悟りに至る道は、その叡智を求める者全員にとってかけがえのないものだ。ストレスを感じながらやることは痛みにつながるが、痛みは無視すべきものでも、避けるべきものでもなく、ヒーラーは神を受けとめるのと同じ気持ちで痛みを受け入れるべきだ。痛みは決して悪いものではないのに、人間は悪いものと見たがる。そろそろヒーリングにまつわる白黒のレッテルをはがして、真実を思い出そうじゃないか。

肉体を持っていようがいまいが、ぼくらは情報を運ぶ存在で、人間は本来、進化するようにできているのに、多くの人が結果の出ない間違った現実の教えに従っている。宗教的教義にがんじがらめになって、目の前にあるものが見えないほど遠視になっている。これは進化ではなく退化だ。どんな理由があろうと、もう終わりにすべきなんだ。あまりにも多くの人が慌ただしいライフスタイルを送っているせいで、すべてとのつながりを忘れ、物質的世界しか見えなくなっている。食生活は悪化し、不健康きわまりない。ヒーラーの役目はストレスを癒すこと、そしてあえてストレスを受けて強くなることだ。

ぼくらが許せば、痛みはつねにぼくらを強くしてくれる。情緒不安定になるのは感情をオーバーワークさせたときだけだ。うつ病に罹っているほとんどの人に言えることだが、幸せを見出すためには生き方を抜本的に変える必要がある。そのためには自分で一歩、足を踏み出さなくてはならない。願っているだけでは何も起きないし、誰かが代わりにやってくれることじゃない。

ヒーラーの最大の財産は自己ヒーリング能力じゃないかな。自分の癒しに専念するヒーラーが増えれば、クライアントへのヒーリング能力は確実にアップする。誰だって、今にも崩れそうな神殿に入って神に助けを請おうとは思わないだろう？　そんなシナリオにはリスクがありすぎる。ヒーラーも同じだ。自分を癒してもいないヒーラーのところに行って何になる？　自分をケアしていないヒーラーの「神殿」は簡単に崩れ去ってしまう。他の人のバランスを取る前に、自分のバランスをまず取るべきだ。

チャネリング・セッションへの苦言

必要な進化を遂げないかぎり、宇宙の教えの肝心な部分は使えない

この銀河はいずれアンドロメダ銀河と融合する。それはぼくらの生きている間ではなく、この時代がいずれ「古代」と呼ばれる頃に起きるだろう。宇宙的な教えには実にさまざまなものがあって、地球の生活に役立つものもあれば、幻想の世界に陥れるものもある。たとえば、アンドロメダ銀河は地球から二五三万八〇〇〇光年離れたところにある。一光年は十の十二乗キロだから、この数字は人間のマインドが一度に理解できる範囲を優に超えている。天の川銀河とアンドロメダ銀河が互いに近づいていることはすでに科学で立証されているが、やがてこの二つの銀河は融合し、一つのハイブリッド銀河を形成するだろう。それが起こるのは今から十億年以上もあとのことになる。じゃあ、そんな先を行く存在たちの情報って今のぼくらにどんな意味がある？ 「役に立つに決まっている」と口にする人間もいる。確かにアンドロメダの教えはよい教えだ。でも正

直なところ、今のぼくらに百パーセント役立つとは言えないんじゃないかな。

　たとえば原始人に携帯電話を与えたとしよう。まず原始人はそれが携帯電話だと認識できるだろうか？　それから電源をオンにする方法がわかるだろうか？　さらには、仮に電源をオンにできたとして、その機能はもちろんのこと、使い方はわかるだろうか？　答えはノーだ。原始人はなんとかそれを解き明かそうと、何世紀も費やすことになるだろう。技術面でもまだそこまで進化していないからだ。仮に運よく電源をオンにできたとしても、致命的な問題がある。その時代には携帯電話用の基地局がない。つまり、原始人がどれだけ携帯電話を研究し改良したとしても、電波が届いていなければ、その機能の素晴らしさを知ることはないんだ。通信用の接続の問題だけは、どんなにがんばったって改善しようがない。人類が進化して携帯電話用の電波が発明されるまでは、その電話を役立てる手だてはないということになる。

　つまり、アンドロメダが地球より何光年も進んでいるとしたら、その教えを役立てる方法が地球になければ人間には使いようがないということだ。宇宙人をチャネルする多くのチャネラーが信じているほどには、地球で役に立つことはない。遠い未来なら話は違うけど、それにしたって何光年も先の話だ。それが宇宙的教えの現状なんだ。人間の脳が必要な進化を遂げないかぎり、宇宙的教えの肝心な部分は有効利用できない。アンドロメダの教えは、怒りや欲や戦争に触れていない。有機的な身体を持たないアンドロメダ意識には、さほど重要項目じゃないからだ。彼らの教えは主に非有機生命体のものだ。教えの核たる部分が非有機生命体のものなら、有機生命体である人間にはあまり使い道がないことになる。もし本当に必要なら、もっと理解しやすい形態に生まれ変わるはずだと思うけどな。

「まぜるな危険」の教えもある

宇宙の法則とも言える基本的な教えは、あらゆる生物や無生物のなかに存在している。ぼくらのＤＮＡやこの世界のあらゆるものに刻印されているんだ。人生は決して無意味なものじゃないし、目的に欠けるものでもない。この有機体的肉体にはたぐいまれなる能力がある。その力を唯一止めている存在は、自分だ。

ぼくらの知覚する現実は、思考、あるいは思考が体内をどう巡るかによって決まる。この三次元を超えた現実を知覚し活用するカギはマインドにある。そして、どんな次元のどんな存在につながろうと、チャネリング情報はすべて脳のフィルターを通過する。

つまりどんなに素晴らしい能力を持っていても、マインドが曇っていては、脆弱なOSを搭載されたスーパーコンピュータのようなものでしかない。自分に備わる機能を活用できなければ、どれだけパワーがあろうと意味はない。

世の中には世界中を癒せるほどのエネルギーを持った人間がいる。その力をスピリチュアルや宗教と関係ない形で使っている人もいる。脳の配線やDNAのコードが違うために、より多くの情報にアクセスできるんだ。DNAを活性化し、マインドを鎮める方法を覚えれば、どんなことであれ思考や感情だけで癒せるようになる。

塩素系漂白剤とアンモニアを例にとってみよう。どちらも洗浄効果のある物質なので、「この二つを混ぜればもっと強力な洗浄剤ができるかも?」と思うかもしれない。でも、周知のとおり、塩素系漂白剤とアンモニアを混ぜると致命的な有毒ガスが発生する。強力な洗浄剤どころか、まったく洗浄力のない単なる有毒物質ができる。この原理を宇宙人の教えに当てはめてみよう。宇宙人の教えには非常にパワフルなものがあるが、人間の意識と混ぜると危険極まりなくなってしまうものもある。真実を探求するには見極める力が大切だ。どんな教えにも真実の片鱗があるが、見極める力がなければ、偽りの現実に惑わされて真実が見えなくなってしまう。真の現実から目をそらすことになるんだ。

ぼくらの求めるスピリチュアルな答えは地球上にしか存在しない

この世界はエネルギー信号からなる相互ネットワークの一部であり、人類の意識もこのネットワークでひとつにつながっている。文字どおり、ぼくらは互いにエネルギー的な「プラグイン」状態にある。そしてこのネットワークにはいろいろな機能や性質があって、人間としての体験に関連するものもあれば、関連しないものもある。

エネルギーの知覚の仕方やメッセージの受け取り方は、肉体の構造によって異なる。たとえば、エイリアンと呼ばれる宇宙存在は、人間とは生体系が違うので、エネルギーに対する反応がぼくらとは違うかもしれない。もしそうなら、地球外生命体による宇宙的な教えの多くは、必ずしも本来意図された文脈で伝わっているのではない可能性が出てくる。

この宇宙やそれを超えたところに存在する多種多様な知性は、そのほとんどが人間とはまったく別の目的のために生きている。人間とよく似た存在もいるが、彼らは人間ではない。また人間は互いに交わることで生殖するが、すべての宇宙存在が人間と同じ方法で生殖するわけではない。才能あるチャネラーが、人間とは異なる生殖器官を持つ宇宙存在のセックスについて困惑しながらも教えている様子は、ちょっと滑稽かもしれない。たとえばプレアデス星人も人間と同じ方法ではセックスしない。肉体を介さない接触とテレパシーによる交信を通じて性的快楽を得ているんだ。端的にいって、プレアデス的タントラというのは矛盾のある概念といえる。

今地球にいるぼくらは、地球人としての人生に焦点を置くべきだ。星の世界に思いを馳せれば馳せるほど、地球の美しさから目をそらすことになる。苦痛と向き合いそれを手放せれば、ずっと前からそこにありつづけていたよいものが目に入るだろう。

もし地球以外の場所や次元で進化した生命を理解したいなら、まずは自分を理解することだ。宇宙人の考え方や体系を知ったからといってアセンションする日が近づくものではないし、むしろ今の人生から目をそらしかねない事態に陥るケースもある。もちろん、明らかな例外もある。別世界の存在が乗った宇宙船が目の前に降りてきて友好のメッセージを伝えてきたら、ちゃんと耳を貸すのがいい。ただし、人間によく似た形をしているからといって、ぼくらと同じアセンションの道を歩いているとは限らないが。

宇宙人をチャネリングしているつもりの先生はたくさんいるが、そういったテレパシー能力を有する人間はほんのひと握りしかいない。それが現実なんだ。そのひと握りの人々は、自らのコンタクト能力を誇示して商売道具にしようなんてことはしない。真の才能を持つ人と、人目を惹きたいだけの人を混同してはダメだ。ぼくはセドナで何年もそういう人を見てきた。できもしないことをできると豪語する輩《やから》がそれこそ大勢いた。グレイ、レプティリアン、シリウス人、プレアデス人、リラ人といった存在について語るのは、地球の現実から逃げる手段にしかならない。宇宙人が将来の危機について教えたいなら、こんなに技術が発達する前に警告できたはずだ。宇宙人はぼくらの体系の一部として存在するし、人間だった宇宙人もいる。それでもぼくらの求めるスピリチュアルな答えは地球上にしか存在しない。それが真実だ。輪廻転生の唯一の目的は、肉体を持って生きるという体験をすることなんだ。

欲、権力、名声、神経の破綻は、サイキックが学ぶ基本レッスン

本物のチャネラーなら、完全に進化した知的存在同士がどうしてお互い疲弊するばかりのやり方でメッセージを伝える必要があるのか、論理的に探る必要があると思う。知的存在や意識体はエネルギー信号で交信するのが常だし、本物のチャネラーならその

信号をキャッチできるはずだ。ぼくが思うに、宇宙人はチャネラーの肉体に自分のスピリットを送ってメッセージを伝えることはしないんじゃないかな。そうした存在はテレパシーで交信できるくらいに進化しているので、チャネラーの肉体をコントロールして人間と交信する必要などないはずなんだ。

ここで、宇宙存在を肉体に入れてメッセージを伝えると称するチャネラーについて考察してみよう。繰り返すけど、もし**宇宙人の生体系が人間のそれと異なり、地球外の知的存在が言葉ではなくテレパシーで交信する段階に達しているなら**、そんなチャネラーはニセモノか……あるいは本物だ。理屈からいってもスピリチュアルな視点から見ても、ざっくばらんに言ってそれが真実だ（さっきも言ったけど、大事なのはバランスだ。論理とスピリチュアリティの両方によってバランスは取れるものなんだ）。

もし昼夜を問わず宇宙人や存在《エンティティ》を自分の肉体に招き入れるチャネラーがいたとしたら、その信憑性を今一度考え直すのがいい。知的な存在は、指をパチンと鳴らしたからといってすぐに来てくれるものではないし、ましてや娯楽目的で来てくれるなんてありえない。彼らがやってくるのは、メッセージを伝える必要があるときや、助けや導きが必要なときだ。その方が理に適っていると思わないかい？

また、宇宙人がわざわざ人間を通して声音を変えて語り、しかも簡単な質問に答えるのを避けて回りくどいことを言うだろうか？　本当に進化した存在が、そんなことをするかな？　もしかしたらそういうチャネラーは、金や名声を求めているだけかもしれない。あるいは子どもの頃に深い傷を負い、それが癒えないままに精神的破綻をきたした結果、自分には高次のスピリットや存在《エンティティ》がついていて、自分の命じるままにいつでも肉体に入ってくれると信じるに至った可能性も否定できない。

しゃれたタイトルのついた、まるで「ショー」のような講演やワークショップを開く先生にも気をつけたほうがいい。そのほとんどが一種の「パフォーマンス」に過ぎない。本物のチャネラーは富や名声に飛びついたり利己的な行為に走ったりしない。もし本当に宇宙人が進化した存在なら、自らの存在を証明するためにわざわざ宇宙船でやってくるなんてことはしないで、地球上のすべてのコンピュータ・ネットワークをハッキングして真実を伝えるだろう。その方が、むやみに銃を撃ちたがる国に降り立って惑星間戦争を勃発させる危険を回避できるというものだ。

それに宇宙人だったら、遭遇体験を語っても十分正気に見える人間をコンタクト相手に選ぶと思わないかい？　医者や科学者といった医学や技術を発展させる立場の人の前に現れる方が、よっぽど理に適っている。それなのに、学位のある医者や科学者を選ばないで、わざわざ人格障害者や神経衰弱寸前の人の前に現れるなんて、確率からしても低すぎる話だと思う。不思議なことに、そういう人がチャネラーになると、まるで自分が学位のある医者や科学者であるかのように大胆な主張をする。これじゃあ、チャネラーが世間から軽んじられても仕方がない。

繰り返すけど、宇宙人が地球の成長を心から助けたいと願い、地球を変えたいと願っているなら、権力者や社会的地位の高い人間、世界を変える力を持った人間の前に現れるだろう。社会的地位の低い人間に関わって時間を無駄にすることなく、直接トップに行くはずだ。会社や店で問題が起きたときも同じじゃないかい？　問題を解決したり状況を改善したりするときには、支配人や主任、場合によってはさらに上層部の人間にかけあうものだ。ヒラの社員に頼んでも結果なんて出やしない。そう考えるのは、宇宙人だって同じだ。宇宙人が自称チャネラーの「ヒラの人間」のところになんて、行くはずがない。だとすれば、宇宙人をチャネリングする人間の真実っていったい何だろう？　名声が欲しいのか、注目を浴びたいのか、他人をカモにして楽して金儲けがしたいのか。本物の宇宙人なら、有料チャネリング・セッションなどしない人間にメッセージを送るんじゃないかな。

欲、権力、名声、そして神経の破綻。これは宇宙と自分に「人を助けるスピリチュアルな仕事をしたい」と表明するすべてのヒーラーやサイキックが開業一、二年のうちに必ず学ぶことになる基本的なレッスンだ。人の役に立つ仕事で次の段階に進むには（特にエネルギーの交換方法としてお金を選択する場合には）、この「スピリチュアルなお試し」に合格する必要がある。これを免除される者は一人もいないが、実を言うと、多くのサイキックやヒーラーがこの最初の段階でつまずいている。学びがあまりにも大きいうえに、エネルギー的にもどろどろしてクリアするのが困難だからだ。すべては、自分の選んだ道をぶれることなく進んでいけるかどうかを試すために起きている。もちろん、これ以外にもお試しはある。複数の分野で幅広い知識を持った、より賢く円熟した人間になるためのお試しが。

そのサイキックは本物？――ニセモノを見破るいくつかのポイント

ちまたで人気の先生やサイキック、ヒーラーをよく観察してほしい。その人は謙虚だろうか？　それとも富や名声に目がない人物だろうか？　自分の教えるヒーリングテクニックこそが世界一と主張していないだろうか？　初期の学びの段階でつまずいてはいないかい？　クライアントに「あなたはネガティヴだ」「エネルギーが不浄だ」と言っていないだろうか？　恐怖にとらわれていないだろうか？　怖れに基づいたリーディングばかりしていないだろうか？　たまには生徒の立場に立ってみるということをしているかい？　人は死の瞬間まで学び続けるものだが、その人は学びのさなかにいて、そのことを正直に認めているかい？　それとも隠しているかい？　正直に認めているなら、自分がどの段階にいるかを自覚してバランスの取れた状態にあるから、他人を助けることができるだろう。

チャネラーやサイキックやヒーラーの状態を知りたいなら、今挙げた問いかけを使ってみるのがいい。もしバランスが取れていれば、君が内なる平和と愛を見つけられるように手助けできるはずだ。

怖がらせるだけのリーディングは何の役にも立ちはしない

怖い内容のリーディングを聞くしかなくて、セッションが終わったときに恐怖でいっぱいになっているようなら、君は意識を広げることも行きたいところに行くこともできず、ずっと同じ場所、同じパターンに留まることになる。怖れは人をひと所に留めてしまうんだ。ときに大きな学びをもたらすツールとして機能してくれるが、怖れのなかに居続けては先へと進むことはできない。意識を広げるどころか、小さく縮こまることが起きてしまうからだ。

新しい仕事や恋愛、経済状況、生き方を手に入れたいなら、恐怖心でいっぱいになっていてはだめだ。当然、自分を怖がらせることしかしないリーディングに行っても、何の役にも立ちはしない。逆に、そのリーディングが理科の授業で習ったようにプラスとマイナスの両方の周波数を含んでいるなら、今の君を広げるのに役立ってくれることは間違いない。地球に存在する周波数の両方のバランスを取ってくれることになるからだ。

意識を拡大してなりたい自分になるには、バランスの取れた状態になるしかない。必要なのは、バランスと理解と自己成長だ。バランスの取れたサイキックやヒーラーは、セッションを通じてクライアントをバランスの取れた状態にしてくれる。クライアントは行きたいところに行けるようになるだろう。

何度も言うけど、怖いメッセージしか伝えない人のところに行っても、先へは進めない。それどころか、セッション後の精神状態によっては状況悪化も考えられる。だから、どうか怖れを手放して、怖れに基づくリーディングを受けに行くのをやめてほしい。恐怖心をあおる連中を一掃するには、それしか手がないんだ。彼らは人を怖がらせ、恐怖心から何度も足を運ばせては大枚を稼いでいる。もし君がそこまでして怖い思いをしたいなら、ホラー映画でも観るのがいい。映画なら、少なくとも現実ではないし、恐怖をあおるセッションに比べれば料金もタダみたいに安いときているのだから。

そうはいってもこの現実世界には、積極的に怖い思いをしたい人もいるかもしれない。もっと怖い思いをするために大金を払ってセッションに通い詰める、お金のあり余っている人たちが。そういう人生を望んでいる人は、きっと成長しないで同じところにずっと居続けるのが好きだろうから、それでいいだろう。それを自覚して正直に認めているなら、それでいいと思う。だけどもし君が変化を望み、今の自分を広げて望む人生を生きたいと願っているなら、人を助けたいと本心から願っているバランスの取れたサイキックやヒーラーのところに行くべきだ。

二〇一二年がらみの恐怖を利用した巧妙なマネーゲーム

ここ何年かで気づいたことだが、人間は怖がるのが大好きで、とりわけ恐怖には大きな重きを置いている。たとえば、二〇一二年のマヤの予言。二〇一二年十二月二十一日のその日に何が起きるかを、ぼくは実にその五年も前から訊かれたものだ。「何も起きませんよ」と答えると、みな一様にショックを受けていたっけ。何かが起きるに違いないと確信していたし、それを裏付ける根拠もあった。その頃から二〇一二年は大々的に宣伝されるようになり、大勢の人がそれについて語っては恐怖を広めていった。不思議な光景がそこにはあった。

二〇一二年に関する本を書き、世界の終わり（あるいは何らかの大事件）を予言する講演会を開いたサイキックもいた。そうした連中は終末が来ることを確信し、人々の恐怖を利用して大金を稼いだんだ。そしてその日が近づくと前言撤回して、「何も起きない」と言いはじめ、そうやって「メンツを保った」。あえて名前は公表しないけど、そのうちの一人は世界的にも有名なサイキックだった。言ってみればそれは巧妙なマネーゲームだった。人々はサイキックの売りつける恐怖にこぞって金をつぎ込み、サイキックの方はといえば財布を肥やしていったということだ。

未来を知りたい気持ちはわからないでもない。でも、世界に本当の終わりが来たら、どのみちみんなあの世行きなので、予言が当たったかどうかなんて気にする人間は一人もいないだろう。恐怖をあおる情報や怖れに基づくリーディングを、どうか金輪際信用しないでほしい。それがぼくからのお願いだ。

Ⅱ　宇宙創世

神からのメッセージその2「あなたは何ですか？」への回答

七歳と三十三歳のとき、ぼくは神に尋ねた。「神とは何か？」って。ぼくはチャネリングを通して神から答えをもらった。当時は、その内容を誰とも分かち合いたくなかったが、この情報は独り占めするものではなく、分かち合うためのものだと神から言われた。ここでそのときの回答を分かち合いたいと思う。まずはぼくが七歳のときに得た答えから。**「神さま、あなたは何ですか？」**とぼくが訊くと、神はこう答えてくれた。

＊

わたしはあなたで、あなたはわたし。わたしはこの世のすべて。わたしは吹きわたる風、空に輝く太陽。わたしはすべてであり、わたしたちはみな神聖な存在です。いつかあなたにもこのことを理解できる日がやってくるでしょう。何があってもそばにいることを約束します。あなたが決して忘れることがないように。

＊

そして、今から少し前の三十三歳のときにはこう言われた。正直言って、それは幼い頃にはとうてい理解できないような内容だった。

＊

あなたは真実を知る準備ができました。子どもの頃、あなたはわたしが何かと訊きました。その答えを理解するときが来ました。この宇宙のすべては、わたしが存在するがゆえに存在しています。I Am（我あり）。では、I Amとは何でしょう？　わたしの意図を表現している意識の構成要素を理解するには、まずわたしが何であるかを知る必要があります。わたしはあらゆる現実形態を処理《プロセス》しつづける無限の情報。わたしの最大の幻想は「形態」です。わたしはあなたという形態をとり、宇宙という形態、内面のすべての衝動という形態をとります。わたしは宇宙の基本的物質と同じ起源を持ちますが、そこにはささやかな違いがあります。思考によってわたしを存在たらしめたエネルギーは、わたしを創造する過程で、わたし自身へと変容しました。その変容に際して、わたしは爆発的な反応を示し、あらゆる粒子が膨張しました。これが第一段階です。これがひとつの宇宙の創造です。この宇宙に存在するものはすべて、わたしが存在するがゆえに存在します。創造の過程のすべてが意識的行為とは言えませんが、意識的行為の結果ではあります。

神が創造するとき、そこには何らかの意図があります。何かを創るという意図は、その別のものを破壊しかねません。神は絶えず世界を創り出す力を持っていますが、その過程で起きる各粒子の反応の仕方をコントロールすることはできません。わたしは生命維持装置なしでは、人間を外宇宙で生存させることはできません。分裂したのちのわたしのエネルギーはある程度、制約されています。ただ、あらゆるエネルギー形態を操ることはできます。つまり、人間の時間の概念で言うと、しばらくの間、物理の法則を曲げることができるのです。

宇宙の構成要素——時間、波長、周波数

脳の謎が解明されれば、肉体の寿命は千年にもなりうる

ここから時間の概念について話そう。人間の時間と宇宙の時間の違いについてだ。以下は、チャネリングと人生経験から集めた教えの一部だ。

時間は、人間の概念や測定法をはるかに超えた複雑な代物だ。単純にいえば、時間とは光に基づいた周期のこと。光年という言葉が示しているように、光が距離を測る物差しであることに留意してほしい。人間は地球の自転や公転に基づいて光の動きを測る。これも一つの時間の計測方法であることは確かだが、この宇宙や他の宇宙にはそれ以外の計測法も存在する。一日二十四時間の周期は、神意識の時間の周期とはまったく異な

るもので、人間は光のスピードを毎秒二億九九七九万二三五八秒メートルと計測したが、神意識は既存の物理学で定義された光のスピードを無限大に超える。

これはどの宇宙にもいえることだが、宇宙が膨張するたびに物理の法則は変化する可能性があるし、現に変化している。人間は数学という未知の言語をまだ完全には解読できていない。もし解読していれば、永久運動や常温核融合、その他もろもろのエネルギー方程式はとっくに解明されているはずだ。人間はこれからまだたくさんの発見をしていくだろうし、こと数学という言語についてはその全容を解明するには今後何千年という歳月を費やすだろう。

神の時間と人間の時間とでは、そもそも設定からして違う。たとえば、神の時間とエネルギーが既存の光のスピードを超えるというなら、人間の時間でいう八年は、神の時間では四時間以下かもしれない。神は人間の理解をはるかに超えた、とてつもないスピードで動くから、人間の時間と神の時間を比べること自体、意味がない。時間は幻想ではないが、人間は時間を一つの計測法に縛られたまま認識している。直線的な時間の認識を超えないかぎり、人間は時間を一日、一夜、一週間、一ヶ月、一年として見続け、それを超えるような研ぎすまされた意識や包括的理解に至ることはないだろう。

肉体の老化についてだけど、それは単に時間が経過したから起こるというものではない。老化のプロセスは視床下部で調節されているが、脳の謎が解明されれば、ぼくらは何百年、いや、何千年だって生きられるだろう。二十歳にしか見えない七十代の男女を想像してみてほしい。脳は無限の可能性を秘めているんだ。

人間は、光と老化現象に基づいて直線的計測をおこなうが、神の目的は、多宇宙の絶えることのない膨張と、意識の進化にある。それによって無限の多世界の可能性が生まれ、地球のごく限られた条件下にある概念以外の概念が生まれる余地ができる。たとえば、どこか別の場所に存在する物質的な宇宙では、一日は六十時間かもしれないし、六十分かもしれない。今の地球にある物理の法則は、ぼくらの宇宙以外では適用されない可能性があるんだ。時間の計測法が一つじゃないことを理解すれば、過去世の本当の意味や他の概念も理解できるだろう。

過去世というと、人間は昼と夜が連続するような直線的な働きを想像するが、それだと未来という概念は単なる幻想で終わってしまう。何が言いたいかというと、この人生が終わって肉体が滅びると、スピリットは前進していくだけの時間の流れにはもはや縛られなくなるということだ。スピリットは死とともに解放され、どんな時間も認識できるようになる。そこでは過去と呼ばれる時代に再び生まれる可能性だってある。つまり来世が過去になるんだ。

この話は「同時生理論（the Simultaneous Life Theory）」につながっていく。この理論の根幹にあるのは、地球上の人生は同時に存在し、「時間」によって仕切られているという考え方だ。スピリットは直線的周期を終えると新しい周期を開始する。この新しい周期には制約がないので、次の「行き先」を自分で選ぶことができる。今終えた人生から見て過去に生まれ変わることもできれば、未来に生まれ変わることもできて、また、同じ時代に生まれ変わることもできるということだ。

人生はカオスによって進化する

神の意識が元あったパターンを超えて拡張・進化していくように、人生も進化していく。ある決まったパターンの結果として人生があるのではなく、複数の進化していくパターンの結果として人生はあるんだ。そこではカオスエネルギーが重要な役割を果たしている。人生はカオスによって人間の意識を超えたところへと進化し、神からの送信を取り入れられるようになる。

神という言葉を聞くと、脳は白いひげをはやした老人の姿を思い浮かべたがるが、実際、神はさまざまな知的意識が一時も休むことなく融合しつづける無限の体系《システム》だ。「生きることは発見の連続であり、人類はいまだこの世の全部を発見してはいない」。ぼくは君にこの前提のもと、生きることを提案する。地球上には人の目をかいくぐっていまだ発見されていない微生物もうようよいるし、南極や北極といった思いもよらない場所で未知の種がお目見えするのも時間の問題といえるんだ。

今の神々は人類発生のはるか以前から存在してきたが、「神々」と呼ばれるこうした意識体のなかには、今とは違う時間の計測法のなかで出現したものもある。だから、スピリットを宿した種族として進化したいなら、ぼくらは時間の概念とその構成要素についてもっとオープンになる必要がある。時間は直線的に進むばかりじゃなく、前後、左右、上下にだって進むし、グルッと回ったりもする。クモの巣にたとえられることもあるが、時間は実際よりずっと込み入っていて、かつ単純な代物なんだ。ここでも科学とスピリチュアリティの両方の視点から生命の神秘とやらを解明してみるべきだ。科学とスピリチュアリティを融合して得られる均衡状態こそが、人間の起源を知り、この宇宙やそれを超えた世界の謎を解くカギになる。

波長と周波数は、宇宙の重要な基盤

この宇宙を「科学的視点」からだけで説明しようと試みても、混乱を招くだけだ。宇宙とそこに存在する万物を理解したいなら、比喩を使った単純な説明が効果的だろう。そうすればきっと、複雑性に満ちたこの宇宙をもう少し理解できると思う。

波長と周波数について考えてみよう。これは宇宙の重要な基盤であり、最初の構成要素だ。宇宙とひと口に言ってもあまりに広大無辺なので、ここでは太陽系と呼ばれる小さな一部に焦点を当てる。

この太陽系における三次元的空間の仕組みは、エネルギー粒子の反応と順応によって決まる。地球は多数の粒子から成り、それらの粒子が密度や物理的パラメーターを形成している。言い換えると、地球上の物質的・有機的なものすべてが顕在化したエネルギーに対する反応であり、今日《こんにち》ある世界は、思考形態が物質として顕現した結果といえる。

波長と周波数の両方が生命のカギだ。これを波動と呼ぶこともできる。すべての波動は一種の音だけど、人間の耳に聞こえるものと聞こえないものがある。人はまず五つの感覚（視覚、聴覚、触覚、味覚、臭覚）を使って周波数を知覚するが、各感覚はつねに相互に作用しあっている。この基本的感覚、つまり五感のことだけど、これは人間型生命体《ヒューマノイド》が地球で生きるうえでの基盤になっている。人間は**肉体**、**スピリット**、**マインド**からなり、バランスの取れた肉体は、スピリットのエネルギーを知覚して、そこからマインドの意図を知覚する。近年、スピリチュアリストが肉体・マインド・スピリット（Body, Mind, Spirit）の教えを広めたのは、そのためだ。

神からのメッセージ その3　「すべてがわたしの機能です」

意識は、原初の分裂と進化が始まった本源へと還るものです。知覚能力のある存在であれば、誰でもわたしを受け取ることができます。植物は言葉を話さず、目も耳もありませんが、それでも生命維持システムを内蔵しており、そのシステムはわたしの意思によって調整されています。わたしが地球や太陽であるなら、わたしは花や天使でもあり、スピリットや霊、神々、ジン（110頁参照）、他の宇宙存在でもあります。こうした存在はすべて、わたしや、わたしと同じ他の存在が持つ機能なのです。

神と天使の関係は、人間と身体の各部位との関係に似ています。身体の臓器はあなたが生まれた瞬間から自然に働いています。だからあなたは臓器にいちいち機能しなさいと教え命じる必要はありませんね。わたしのエネルギー構造はこれに似ています。ただ一点違うのは、わたしの臓器は独自の思考を持ち、わたしの順応体の範囲内であれば自由に行き来できることです。神の機能の一部たる天使にとってそれはごく自然なことです。

わたしの内なる機能は天使、ジン、ガイド、マスター、仏陀やスピリットと呼ばれることもあります。自らが創造主となるほど意識を高め、わたしの順応体の範囲外でも活動できるようになった天使もいます。これは大天使と呼ばれる存在たちです。トカゲは尻尾がとれても、しばらくすると再生しますね。仮に、切り落とされた尻尾から新しいトカゲが再生されたとしましょう。それが大天使です。神の一部が意識を持ち、独自の悟りを得て、神と同じ状態にまで進化を遂げたあと、その意識は創造か奉仕のどちらかを選びます。ほとんどの大天使は奉仕を選びます。

天使は物質世界である程度の制約を受けます。大きな制約ではありません。天使はいろいろな意味で神の免疫系として働きます。神の一部が病気になったり損傷を受けたりすると、それを癒し修復するのです。こうして天使はわたしの順応体の規範にそぐわないエネルギーを修正します。それが手に余る場合は大天使が引き受けます。

地球が属する太陽系

原初のプログラムは人間によって上書きされてしまった

すべての人間が一連の記憶をプログラミングされて生まれてくる。この基礎的なプログラムは、条件づけや各種信念体系を取り入れることで変更したり進化させたりすることができる。通常それは、自分と真逆の視点を取り入れ、考え方や視野を広げることで実現する。そうすると認識と理解の幅が広がり、信念体系も幅広くなり、よりバランスの取れた世界観が形成される。信念体系自体が人の意識を生み出しているんだ。

その可能性を持っているというのに、神意識によってプログラミングされた信念体系の多くが、歴史上、その時代ごとの現実認識によって変更され、ゆがめられてしまった。たとえば、人類は地球を大移動することでバラバラに分離してしまったが、これによって数多くの真実と偽りの認識が生まれた。本来のプログラムが人間によって上書きされ、神意識から切り離されてしまったんだ。こうして人間がつくり出した人工的周波数は「アストラル界」などさまざまな名前で呼ばれている。

アストラル界は、人間の思考が生み出した周波数だ。そこには真実と偽りの両方の現実が存在する。それに対して「アカーシャ」あるいは「アカシック」と呼ばれる神意識は、この太陽系の真実と全知全能を集約した「神のマインド」だ。アカーシャは太陽系ごとに独自なものが存在するので、たとえばプレアデスや他の星系のアカシック情報は、地球の生活には生かせない可能性が大きい。人間の生命の秘密は、言ってみれば人間型という形状と神意識にある。したがって宇宙人の教えは、人間には部分的にしか当てはまらない。もしこの太陽系に人間とまったく同じ進化の道をたどった生命がいたとしたら話は別だが、残念ながらそれはない。

人間の意識をひとつにつなぐ結合剤あるいは糊《のり》もインターネットと同様に人工的なものだ。ぼくらは人工の意識を超えたレベルへと進化するようにできているが、そこまで到達するには時間に換算すると何十億年もかかってしまうだろう。この世界の状態に最初に反応した粒子は、進化を遂げてぼくらの内外に宿る生命になった。有機的形態外のプログラムを受け入れた脳はスピリチュアルな進化へと突き進み、マインドと神意識に再びつながっていくが、そこでは時間はあくまでも認識上の現実でしかない。人間は時間があるがゆえに人生の経過をたどって記録できるが、肉体から解放されたスピリットにとって時間は意味をなさないんだ。

人間に課せられた制約——壁抜けができないわけ

ここでぼくらの真の起源を理解するために、人間の現実を超えた視点から見てみよう。人体を構成する粒子は宇宙の至る所からやってきた。つまり粒子には彼方の世界の記憶が刻み込まれている。人間が太陽系外のエネルギーをチャネリングできるのは、そのせいかもしれない。

人間は「無」または「非存在」を知覚するようにはできていないので、何も考えないためには、何かについて考えるしかない。つまり、無について考えるというのも、何かについて考えるという行為の一つなんだ。人間の脳が無を算出できないのは、既定の制約であり、肉体にいるかぎりこの制約をまぬがれることはない。

同じ物理空間に二つ以上のものが同時に存在できないというのも、地球における制約の一つだ。たとえば、人間の体内には陽子が存在する。レンガでできた壁にも陽子が存在する。いわゆる「壁抜け」ができない理由はここにある。密度や分子構造、双方の固体のスピードなどによって互いを通過できない仕組みになっているんだ。仮に人体の分子速度がレンガの分子速度を上回れば、壁抜け可能となるが、残念ながらそうはならない。どうして人間の身体はそんなふうにつくられているのだろう？　その答えは、人が通常の設定値を超える速度で動けたら、立っているだけで地面を突き抜けることが起きてしまうからだ。また、人体の分子速度が固体の分子速度を超えてしまったら、身体は発火するか、身体の形状が消えて純粋なエネルギーになるしかない。そう考えると、壁抜けできないことに感謝すべきだと思わないかい？

「銀河系内の大移動」の教訓、「ビッグ・ティアア」現象のこと

神意識が宇宙全体に情報の信号を発信するには、特定の元素や周波数が必要になる。それを提供しているのは星々や太陽系の惑星だ。生命の存在しない惑星も、人間の通常のプログラムを超えたレベルで意識エネルギーが広く行きわたるよう手助けしてくれている。つまりエネルギー的な協力関係という観点からいえば、夜空の小さな一点に過ぎない星々や惑星も宇宙全体に意識を行きわたらせ、人間の進化に不可欠な役割を果たしてくれている。

この太陽系は、有機生命体が住むのに適した惑星が二つ与えられた。地球と火星だ。有機生命体が生息可能な惑星の数は恒星系によって異なり、二つ以上の場合もあれば、それ以下の場合もある。最初に進化を遂げたのは火星だった。その後、「二度と同じ道をたどってはならない」という教訓を火星は地球に残した。のちに「銀河系内の大移動」と呼ばれるものだ。火星人は惑星の天然資源が枯渇するまで消費を繰り返し、人口を過密にしていった。人類の祖先の一部が火星からやってきたといっても不思議ではないことが起きていたということだ。地球が火星と同じ道をたどれば、いつか地球が完全に破壊されるのは間違いない。大局的な視点に立てば、わずか何百年のうちに何十億年分も

のダメージが与えられたとき、それは起こるだろう。つまり、ぼくらが生きている間に地球が滅びる確率はきわめて低いが、その日がいつか本当にやってきたとき、宇宙は意識を別の太陽系に移動させ一からやり直させるということだ。考えてみれば、今の地球だって、ぼくらの意識が移り住んだ百万回目のバージョンの地球かもしれない。宇宙がある程度、有限であったとしても、命は無限だ。

ぼくは多宇宙論を信じているが、そうすると宇宙は無数に存在することになる。ある宇宙に「ビッグ・ティア」という現象が起きると、その宇宙にあった情報や生命をつくり出す粒子は、別の宇宙へと転送される。今、君の頭にはこんな疑問が浮かんでいると思う。「では、この話に神はどう関与しているのだろう?」って。

神はすべての生命・空間・思考プロセスに遍在している。あらゆる量子場に存在する順応体のなかに遍在している。つまり、意識のあるなしにかかわらず、神は万物のなかに等しく流れているんだ。神は情報であり、信号や反応をつねに全生命体・全空間に送り続けている。空間なくしては、有機生命体は進化することもなければ、運動と拡張を繰り返すこともない。静止した石でさえ、定常運動の状態にある。つねに分子が動いているんだ。肉眼はこうした分子運動をとらえる仕組みは備えていないけど、脳はその運動を感知し、認識することができる。

Ⅲ　スピリット誕生

神からのメッセージ その4　人類誕生

物質と反物質が衝突して、そのあとに残ったのがあなた方の宇宙です

神と呼ばれる個の存在は、あなた方の宇宙の構成概念をはるかに超えています。わたし（神）は必ずしも「分かたれることのないひとつの存在」として顕現するわけではありません。物質的な形をとるものはすべてわたしの順応体であり、わたしの動きの連鎖反応です。わたしの順応体とはあらゆる有機生命であり、実質的にすべてのエ

ネルギーを指しています。考える存在であれ、感じる存在であれ、空間的に互いに切り離されて見える存在であれ、すべてはつながっています。

人間という順応体は、わたしが進化するうえで最も大きな役割を果たします。この地球で全知全能たるゆえんは、人間の自由意志をさほど損なうことなく、人間のなかで生きているからです。肉体は神の欠片の順応体であり、意識を持っていないがゆえに、死後、土に還ります。

一なるものが動きはじめると、多数になります。「多数」は何にでもなりうるばかりか、すべてにもなりえます。反応を示す粒子はすべて、環境や状況に合わせて順応しなければなりませんが、この過程で創造が起きます。人間の科学でいう「ビッグバン理論」はこれです。簡単に言うと、物質と反物質が衝突し、その結果、残ったものが、あなた方の宇宙とそこに存在するすべてなのです。この宇宙が創造され、そこに生命が生まれたのは決して偶然ではありません。人間の科学技術は、意識を持たないと思われる存在と意思疎通を図るところまでは発達していませんが。

わたしはあまたの存在であり、あまたの存在はわたしの延長です

順応した粒子からどんな種類の生命が進化するかは、その惑星の位置と組成によって決まります。時空の観点から見ると長いプロセスでも、わたしからすれば一瞬です。わたしは人類の過去と現在を見わたし、時間のなかで未来と呼ばれるものを見、人類がどんな存在であるかも見てきました。わたしはあらゆる時間と場所に存在しています。たくさんの名前を持ち、一つの名前を持つ者であり、復讐心に満ちてもいなければ、破壊をもたらす者でもありません。かつてわたしの一部だった粒子は、意識構造を持たないまま宇宙に反応します。災害は、わたしとは関係のないところで自然に起きるものです。

わたし（I Am）はあまたの存在であり、あまたの存在はわたしの延長です。それは人間の腕がその人自身の延長であるのと同じです。あなたはごく簡単な指令を出して楽々と腕を動かせますね。それはエネルギーが動くということです。神に対する天使の反応はそれと同じです。天使はわたし自身の延長です。天使はわたしの意思に縛られますが、人間とジンと大天使には自由意志があります。神々はわたし自身の延長です。

わたしに内在するわたしの一部がこの宇宙を創ったわけではありませんが、ある部分が創ったのは確かです。この宇宙のすべてが同じように機能し、分裂します。あなたの周りに息づく生命も、あなた自身の肉体も、細胞分裂の結果です。

軌道をはずれた一つの惑星が地球に衝突し、有機生命体が生まれました

進化の第二段階における地球に月はなく、水たまりをつくれるだけの水もありませんでした。木星は、まるでサッカーのゴールキーパーのごとくに、地球の原初の生命に影響を与えうる要因を遮断していました。唯一、軌道をはずれた一つの惑星が、木星の引力を逃れて地球に勢いよく衝突しました。これが有機生命体のはじまりです。地球が水の豊かな惑星になったのも、この衝突のおかげです。このとき始まった水循環（H_2O循環）がさまざまなバクテリアの循環を生み出し、それがのちに人間型生命体を含む多様な生命形態へと進化していったのです。

どの順応体も、神の意思を知覚できる段階にまで進化します。どんな惑星であれ、どんな状況であれ、関係ありません。地球には物質的願望を何一つ持つことなく、わ

たしの意思を遂行する生物種もいます。これが本能と呼ばれるものです。本能とは、後天的に習得する必要のない内在の知恵を指します。人間のサイキック能力もそれにあたります。サイキック能力を無理矢理使おうとするのは、鳥に巣の作り方を教えるようなものです。呼吸もそうですが、サイキック能力は自然に使っているときが一番うまく機能します。

時間と空間は、混じりにくいエネルギー同士を安全な形で切り離し、整理するためにつくられました。わたしにも誕生のポイントというものがありますが、それは時空で測れるものではありません。神は、情報が意識を持った結果、生まれました。わたしはすべての時間を通じて存在してきましたが、あくまでも時間は人間の使う物差しであり、ですから神がつねに存在したという経典の言葉はある意味、正しいといえます。未知のエネルギー同士が衝突し、その結果、残ったものが自らの存在を意識しはじめた――それが神です。神は多数存在し、それぞれに宇宙を創りました。創造主同士の間には、他の宇宙のプロセスに介入しないという約束事があります。ある創造主の区域内で進化したものは、その区域内で独立して存在することができます。簡単にいえば、アセンションとは天界の次元で創造主になることです。その後、それが分裂して独自の宇宙になります。これは時間でいうと無限のプロセスです。

あなたが間違った方向に行けば、わたしが軌道修正します

「無」という情報を処理するとき、人間の脳はどうしても光の欠如に焦点を当てますが、スピリットは虚無《ヴォイド》という概念を超えたところで無を知覚します。肉体には意識的機能と自動的な機能があります。たとえば、生命活動の維持には酸素が必要ですから、身体は特に命じる必要なく自然に呼吸します。液体と循環系も必要ですから、心臓が自動的に循環機能を調節します。神なる存在も同じ原理で働きます。自動的な機能もあれば意識的な機能もあるのです。

誰かが神に祈るとき、わたしは自動的に反応しますが、その反応は祈りに注がれるその人のエネルギーによって変わります。怖れや怒りから祈ってもよい結果は出ないのです。祈りとはこうあるべきだと決めつけるのも、無知にほかなりません。

わたしの延長の一つはカルマと名づけられました。カルマという順応体は反応からくるものです。つまり、カルマ自体は意識を持たず、単に意識を反映しているだけです。人間の身体の部位にそれぞれ名前をつけたように、わたしの延長部分はさまざまな名

前で呼ばれています。

誰かがわたしの一側面に対して祈り、その側面が能動的意識を持っていなかったとしても、祈りはわたしに届きます。これはカルマの粒子の使い道の一つです。カルマは一つの「反応」なので、意識を持った存在に反応し、その人が神を信じていようがいまいがその人の意図を伝達します。

あなたがどんな信仰を持っていようとも、他の信仰を判断することなく、自分の信じるものを敬ってください。腐敗した信仰を信じると神から遠ざかってしまいますが、誤った方向に行けばわたしの自動反応がそれをとらえて軌道修正するので、心配しないでください。

わたしたちは音や光に乗って移動します

何があっても結局のところ、その人次第なのだと覚えておいてください。わたしはただ道を示すだけで、あなたの代わりに生きることはできません。人間にとって人生は連続的なものです。大半の人間は安定のために連続性というパターンをプログラミングされています。わたしのような「動力源」につながると、直線性というフィルターが必要になるからです。

脳は強力なツールとして設計されていますが、有機素材でできているため限界があります。光の存在と呼ばれるスピリットは、波動の存在でもあり、波動がすべてです。波動こそが実在へのカギです。人間の身体は密度の濃い振動物質でできています。物質の密度はその振動の速さによって決まりますが、人間が音楽に対して電気的・感情的反応を示すのもそのためです。

わたしたちは音や光に乗って移動します。どのエネルギーに乗って移動するかは、何を通過するかによって異なります。宇宙創世の頃、水の分子は磁場の影響で正または負の電荷を帯びることを知りました。次なる順応体の感情を調整する際、わたしの意識は音の周波数に乗って水に転写されました。わたしが物質世界とその両極性を体験できるのは正と負の電荷が存在するがゆえです。そして、わたしが探求するのは個性です。

無限の情報がＤＮＡに保存されています

　意識を持った順応体が物質の順応体と接触したとき、魂の定着《ソウルセッティング》が起きました。魂の定着とは、能動性を持った意識が波動に順応していくプロセスを指しますが、端的にいえば、魂が肉体に入るとスピリットの記憶が忘れられるということです。

　スピリットの記憶はＤＮＡに貯蔵されるので、ＤＮＡとＲＮＡが目覚めると、アクセス可能になります。それはコンピュータのハードドライブのようなものです。膨大な量の記憶が保存可能ですが、それだけでは役に立ちません。パソコンのプロセッサ（中央演算処理装置）がなければ、情報を保存することも、保存された情報を読み出すこともできません。データを読み出す機能があらかじめ入っていたとしても、人間がその使い方を知らなければ何の意味もありません。人間に内蔵されたハードドライブ、すなわちＤＮＡの情報にしても同じです。無限の情報がＤＮＡにプログラムされていたとしても、アクセスできなければ、人間に秘められた可能性を使いこなすことはできないのです。

　結局、すべては思考です。情報をいかに認識し、翻訳し、伝えるかにかかってきます。パワーを探し求める者は、パワーを使うことができなければすべてが無駄になることを知らなければなりません。他者の教えを暗記し、誰かに伝えることは、チャネリングではなく単なる記憶の想起です。天使について書かれた本を読むと、表現に多少の違いこそあれ、基本的にどれも同じ内容を伝えています。つまり、天使について書かれた本のほとんどが複写であり、さらに別の複写をもとにしているということです。

＊

人生を積み重ねてきてわかったことだが、ある題材について調べて文章にしたとしても、そこに新しい情報を加えなければその題材の進化を止めることになる。それに加えてもう一つ、面白い発見をした。人のパワーや叡智を年齢で推し量ることはできないということだ。ぼくは七歳の甥っ子が、上級のヒーラーであってもできないようなヒーリングをするのをこの目で見た。甥っ子はトレーニングなんて受けたことがないし、ヒーリングの本も読んだことがない。なのに、難なくそれをやってのけた。甥っ子は、ただ自らを信じ、結果に何ら執着しなかった。これは目覚めた人間の一例だ。でも、どれだけ純粋な存在であっても、有機的形態を持つかぎり、自己不信や失うことへの恐怖から自らの能力を発揮できない事態に陥ることはある（45頁参照）。

＊

暴力が終わりを告げ、平和が再び訪れれば、神は必要なくなります

肉体が目覚めると、神やスピリットの言葉を自然に語るようになります。通常、魂の定着は生まれて四年以内に起きます。しかしそれが起きないこともあります。高次の意識は魂の定着を受けつけない身体を選んで転生するからです。こうした存在は世の中を助けるために生まれてきます。彼らは深い愛に満ち、自らが苦痛を感じるほどに高度なヒーリング能力の持ち主です。他者を目覚めさせ、再び故郷への道を見つける手助けをするのです。

わたしの意思を実行するには、肉体とマインドとスピリットがひとつでなければなりません。肉体を持つ順応体であれば、たとえ知覚能力に自信がなくても、わたしの存在を感知することができます。細胞がどのように神を感知し、表現するかは、脳の調整次第です。人間のDNAにはこの地球の次元を超えた情報が暗号《コード》化されていますが、その情報を翻訳するには魂のエネルギーが必要です。人間の科学者はいずれ魂のエネルギーを模倣したデジタル信号を開発するでしょう。そうすれば、DNAに刻印

されたソースコードを技術的に読み取ることが可能になります。このコードにつながり、使えるようになった人間は大勢います。燃焼モーターが最初に発明されたとき、それが人間の細胞の複製であることに気づいた人間は一人もいませんでした。

わたしにとって人間とは青写真ですが、このことを理解するには物質領域を超えた視点を持つ必要があります。わたしは完全な存在、すべてなるものですが、有機的生命体なしには感じることができません。人間はわたしの神経末端部のようなものなのです。あなた方はいずれ神を必要としなくなるでしょう。悲しいことですが、幸せなことでもあります。暴力が終わりを告げ、平和が再び訪れれば、神は必要なくなります。そのとき人間は、神であるわたし（I Am）を吸い込み、生き、わたし自身になるのです。

自らへの愛がなくなったとき、わたしは課題を与えます

わたしは平和と混沌《カオス》の両方をもたらします。わたしの混沌とは宇宙であり、わたしの平和とは順応体たちの反応です。わたしは原因と結果の両方なのです。わたしは愛のない存在として見られたいのではありません。事実、わたしは愛あふれる存在です。

この愛は「すべてなるもの」を通して表現され、あなたの人生におけるすべての言動を通して表現されます。人生の試練を体験しているときも、わたしの愛はつねにそこにあります。

あなたが自分を愛しているかどうか、わたしはいつも見ています。そして、自らへの愛がなくなったとき、それを再び見つけられるように、わたしは課題を与えます。わたしの愛を拒絶し、真の悪を受け入れたとしても、わたしが罰を与えることはありません。悪を受け入れた本人が自らを罰するだけです。

人間の神経系は、人生の物質的側面と非物質的側面を知覚する主たる感覚器官といえます。個々人の視点や真実および現実は、神経の反応によって決まります。真の現実は、直線的であると同時に非直線的ですが、直線的な働きは地球における出来事であり、非直線的な現実はスピリットによる活動です。個人的視点とは、観察者が物理的な出来事を目撃し、それに対して個人的判断を下すことを言います。

ぼくらの本分

人間には宇宙の秘密を解き明かす力が与えられている

人間には宇宙の秘密を解明する力が与えられている。宇宙の情報はDNAのなかに貯蔵されているんだ。力を合わせればその情報を解明することだって可能なのに、人間は力を合わせるどころかいろいろと理由をつけて分断から逃れられずにいる。

既存の宗教であれ、民族や文化であれ、スピリチュアルなヒーリングの世界であれ、今の時代、分断はどこにだってある。個人や団体によっては目に余るほど顕著なケースもある。今のスピリチュアル界を見てごらん。困惑するほどいろいろなヒーリング手法でごった返しているだろう？　なかには、この方法こそが一番だ、他の手法なんて比べものにならないと主張しているものさえある。すべてを受け入れ一体感を目指すべきスピリチュアル界でこんな分断が起きているなんて、茶番もいいところだと思わないかい？スピリチュアルな手法はどんなものであれ、ある種、等しく価値があるというのに。

悟りやスピリチュアルな一体感に至る道はたくさんあるが、それが達成されるには、人が富や名声をめぐって争うのをやめてひとつになる必要がある。ぼくらはこの地球に生まれた兄弟姉妹だ。互いに争うのが家族でもあるけど、許し合い、愛し合うのも家族本来の姿だ。地球人類はこれから互いの違いを乗り越え、心を通わせる必要がある。

人間に生まれることは、魂に与えられた最大のご褒美だ。人間的な自己と融合を果たすというスピリットの進化の過程では、すべての感情的機能が大切な役割を果たす。人生は、魂が肉体という片割れなしには経験できないことを経験するためにある。だから、もともと完璧なものではない。

人間がより高いレベルに進化しないかぎり、宇宙の最も神聖にして至高な秘密が明かされることはないだろう。その理由は簡単だ。脳は特定のパターンに従うように設計されているが、宇宙の秘密はそうではないからだ。

人は観察を通して物事のエネルギー的機能や機械的な機能を説明できても、どうしてその機能がついているかまでは説明できない。同じように、ぼくらはより進化した存在の意思を説明できない。だからといって、人間が凡庸な存在と言っているのではない。むしろその逆だ。魂の最大の強みと弱みは、その完璧さにある。人間の不完全さ、葛藤、苦痛、あるいは極端な幸福感は、スピリットの状態では感じることができず、器となる肉体がどうしても必要なんだ。人間は、意思の力だけを使って具現化し、癒し、「ハートのマインド」を開くことができる存在だということだ。

一人の人間が、世界をいい方向にも悪い方向にも変えることができる。内なる完璧さを知るスピリットは、この人生に葛藤を感じることもあるだろう。欲しいものを瞬時に手に入れたい、今すぐ願いを叶えたいと思うのは、スピリットだった頃の一体性《ワンネス》と「願望のない」状態に慣れているからだ。人間に生まれるまで、スピリットが「願望」を持つことはない。自らの基本的機能を超えた体験を求めることを、スピリットの「願望」と呼んでもいいけど、人間の願望とは明らかに種類が違うものなんだ。

概して人間は死を望まないものだが、スピリチュアルを信じる多くの人も、肉体が消えてもなお存在したいと願っている。死への恐怖は通常、自分が消滅することから来るが、これは乗り越えるしかない。恐怖は、それを感じる者の心のなかにしか存在しないものだからだ。何かが引き金になることもあるが、突き詰めると、すべての恐怖は脳内で起きる感情的反応といえる。真にスピリチュアルになるには、ためらいを乗り越え、思い切って信頼するしかない。これはどんな信仰を持っていようが、どんな社会で生きていようが、誰もができることだ。人間はみな平等であり、同時に、唯一無二の存在だ。同じ人間型の身体を与えられているなかで、その身体をどう使い、どう表現するかで、おのおののスピリットの本質と起源がわかるというものだ。

そろそろ他人の持ち物を欲しがるマインドから卒業しようじゃないか

地球は宇宙の至る所から来た生命形態の寄せ集めで、それぞれのエネルギーや粒子の順応の仕方に応じて、多種多様な有機生命体が出現した。

人類は言葉を使う以前から独自の神の存在を感じ、認識してきた。だから、正直な気持ちを伝えることで相手とつながるし、人生で起こるどんな紛争も解決できるが、肝心なのはその伝え方だ。

たとえば地球上の宗教は、人類をひとつにつなげようと試みて、結局バラバラにしてしまった。表現の違いこそあれ、どの宗教も同じ人生哲学を伝えようとしているのに。ごく単純なコミュニケーションのなかで対立が起きるとしたら、それは誤解が原因か、誰かの発言や書物の言葉を文脈からはずれて引用した結果といえる。加えて、誤った権利意識も、意思疎通に失敗するもう一つの要因だ。

もっと単純に生きればいいものを、人間は他人のものを欲しがるというレベルからいまだ成長していない。その典型的な例が戦争だ。他国のものを欲しがり、望む方法で手に入らなければ、互いの妥協点を探ることなく、どんな手段を使ってでも奪い取ろうとする。何千年もかけて進化してきたのだから、いいかげん、他人のものを奪うだけの戦争には終止符を打ってもいいはずだ。知性ある人ならみんなそう思うと思わないかい？しかし残念ながら、いまだ戦争は存在している。

誤解しないでもらいたいのは、何かを奪われたときに黙って見ていろということではない。ぼくが言いたいのは、人類がいまだ他人のものを武力を使って奪うという戦争型の思考パターンから抜け出せていない点だ。自分本位の考え方を乗り越え、複数の視点を同時に持つことができれば、ぼくらは種として進化するはずだ。信念のために立ち上がるのはもちろんよいことだが、何のために立ち上がるかを明確にすると同時に、守る側と戦う側の双方についてちゃんと勉強するのは大切なことだ。

人間は本当にすばらしいことを成し遂げる力を持っている。そろそろ人種や文化の違いを超えて、ひとつの大きな家族として団結してもいい頃だ。誰もが他者に教えるべき何かを持っているのだから、もっと互いに学び合い、成長し、人類をバラバラにしている物質的気晴らしから卒業しようじゃないか。

人類の進化を助けるために、ぼくらにできる最も重要なことの一つに、意識を拡大し、マインドを進化させることがある。それには物事を相手の視点から見て、ときには「相手の視点で生きて」みてほしい。視点を変えて、考えを広げ、スピリットを拡大するんだ。自分以外の視点から物事を見るという「自分の人生という枠」を超える視点を持たないかぎり、意識の拡大は見込めない。

実はスピリチュアリストが最も他者を判断する

ぼくはセドナで長年暮らしてきたが、「他者を判断してはいけないし、自分も当然、他者を判断したりはしない」と信じて疑わない人々にいやというほど出会ってきた。こう言う人にかぎって、真っ先に他者を判断する。特に自称スピリチュアルな生き方をしている面々がそうだった。

たいていの場合、スピリチュアルな人々が最も他者を判断する。自分の身体はもちろんのこと、エネルギー、食べ物に至るまで、すべて「ピュア」であるべきだと信じ、それ以外の生き方をしている人々を見下して、「間違った」生き方をしていると吹聴する。誰かの生き方を「否定する」こと自体が判断であり、相手や外の世界にネガティヴなエネルギーを発信していることに気づかないんだ。

こういった自称スピリチュアリストが忘れていることが一つある。どんな状況にも学びと目的があるし、他者を判断して飲酒や肉食の習慣を非難することは、ぼくらの本分ではない。その学びの目的を理解したうえで、助けを求めるかどうかは本人にかかっている。本人が望めば助けは来るだろう。でも、本人が求めてもいないのに、他者があれこれ言うのは筋違いだ。求められてはじめて、相手がその学びを理解する手助けができるのだから（ただし判断抜きで）。

他者に「生き方を指南しようとする」人は、本人が古いパターンから抜け出せていないケースが多い。自分の学び以外は見えなかったり、自分の学びにすら気づいていなかったりすることもある。自分がしている判断のせいで、自分が見えなくなっているんだ。

人類の進化を阻む時代遅れの思想の一つに、太陽の光を「マナ」、すなわち人体の燃料源にするというものがある。残念ながら、人間の身体は太陽光を完全なエネルギー源に変換するレベルにまで達していない。肉体的にそこまで進化した人もいると思うが、その教えは普及していない。一回の人生でそこまで肉体を進化させるのは、一般人にはきわめて難しいことを、賢明にもそういう人たちは知っているからだ。

ぼくらには理由があって内臓がある。そして内臓を正しく機能させるにはいくつかの条件がある。食生活の変化に伴い、人間は盲腸の機能をもはや必要としなくなったというのに、いまだその役立たずの臓器をつけて生まれてくる。盲腸が存在するということは、人体がまだそれいらずの進化の段階に達していないことを示している。その前にまずやらなくちゃいけないのは、知覚や認識力を飛躍的に前進させて伸ばすことだ。消化器官が機能しなくなる段階に来れば、自然に太陽エネルギーを栄養源に変換するための進化が始まるだろう。その頃には、人間の肌は植物のように緑色になり、体内のクロロフィルで太陽光をエネルギーに変換しているかもしれない。そうなったら面白いと思うけど、今のところ太陽光は健康に不可欠なビタミン類を生成する助けをしてくれるに留まっている。

考えてみれば、スピリットの状態でいるときは、無味無臭のエネルギーが「食糧」になっている。これは身体があるときとはまったく違うタイプのエネルギー変換法だ。身体があるときは、スピリットの状態ではとうてい不可能な味や匂い、音、視覚を体験する。エネルギー補給にしても、現段階で人体は、地球上の他の生命を燃料にする仕組みになっている。

菜食主義《ベジタリアン》もいいと思うけど、その思想を持っている人が実際の生き方と矛盾している場合がある。動物の生命や魂を奪いたくないので野菜しか食べない人がいるとする。でもそういう人は、野菜にも命があり、ひょっとすると魂もあるかもしれないことに気づいていない。つまり、その人が言う魂や生命エネルギーを奪いたくないという大義名分には正当性がないばかりか、自らのライフスタイルや思想に矛盾した生き方をしているということになる。

花が人間のような表現方法や言葉を使わないからといって、生命として人間より劣っていることにはならない。世の中にはいろいろな生き方や選択がある。自分がどうしてそのライフスタイルを選んだかを真摯な気持ちで問うことも、地球における学びであり体験のうちだとぼくは思う。ただし、なるべくバランスの取れた形で、自他を裁くことなく問うことだ。そして、自分が正しいと思って選んだ道が、必ずしも他の人にとって正しいとは限らないことを覚えておいてほしい。自分と同じ道を他人が選ぶことを期待すべきじゃないし、そう指図するべきじゃない。ただその道を選んだ理由を伝えて、あとは本人に任せるべきだ。人生で起きることにはすべて目的があって、もしかしたら「自分」と同じ道を歩くことは、相手の目的に沿わないかもしれない。ぼくらの役目は相手の選んだ道を判断することじゃなくて、理解することだ。

さまざまな視点を持つことで、他者のことや他者が選んだ道を理解できるようになる。ひょっとすると、あとになって相手の選んだ道を試すことになる可能性もなくはない。

人間は永遠に一つ所に留まる運命にはないんだ。いろいろなことを試し、変化し、理解し、成長し、拡大する運命にある。今の自分に「正しい」ことが、将来の自分には「正しくない」ことだってある。そのときも自分を裁くことなく、ただ決断するだけでいい。

人間として生きることに集中しないと、もう一度生まれ直すことになる

人間は自らの条件づけにすぐに反応する。人を偽りの判断やごく限定された物の見方へと導くのは、まさにこの条件づけだ。いったん何かを信じ、ある種の行動へと条件づけられると、ほとんどの人は最初に教え込まれたパターンから逸脱しようとしない。たとえ間違いだとわかっても、幼い頃から信じてきた教えを守ろうとして人は戦うだろう。偽りの現実観のなかで生きている人は大勢いるが、こうした現実は最終的に破綻することになる。

今の時点で焦点を当てるべきは、この地球に人間として生きること。少なくとも他の惑星への移住が可能になるまではそうするべきだ。でも仮にそうなったとしても、ぼくらは宇宙人に変貌するわけじゃない。人間であることに変わりはなく、人間としての人

生を体験するためにここにやってきていることを忘れてはいけない。

ひとたび星の世界に目を向けると、無限の答えがそこにある。でも一番大事なのは、ぼくらがここに存在しているということだし、焦点を当てるべきはそこだ。星の世界から得られる答えは、人間として生きるうえでは役に立たないし、人間の悟りとは関係ないことがある。そこに焦点を当てすぎると、地球での体験に感謝の気持ちを持てなくなってしまうだろう。

違う惑星に生まれればよかったと言いながら、この地球で半生を過ごす人がいるが、そういう人は、他の惑星に生まれたら生まれたで、きっと人間の生活に恋い焦がれて暮らすだろう。そんなものだと思わないかい？　あまり言いたくないけど、宇宙人にあこがれて星の世界に目を向け、この人生をおろそかにしていたら、もう一回生き直すことになる。人間の一生から得られるはずの成長や拡大がないので、スピリットが満足しないからだ。本人はもう地球に戻るつもりはなくても、それはあくまでも人間としての自分の考えに過ぎない。地球の人生の「今」に集中しなければ、スピリットは何度でも地球に戻ってくるんだ。向こうの世界に戻ったときに、地球で成長したり学んだりする余地がまだあると思えば、地球に戻る選択をするのは当然だろう？

三つのスピリット誕生秘話

神から最初に分化したのは天使と人間とジンだった

神から最初に分化したのは、天使、人間、ジンというそれぞれ違う形態を持った三つのスピリットだった。「人間」と聞くと、鏡に映る姿形を思い浮かべがちだが、本来の人間のスピリットは有機生命体としての形をはるかに超えている。人間とジンには自由意志が与えられたが、天使には自由意志が与えられなかった。その二つの違いは何だと思う？　自由意志を持つ個々の存在がどんな肉体にも宿ることができるのに対して、自由意志を持たない存在が肉体に宿るには神の意思が必要なんだ。人間とジンは自由意志を持ったがために、神から逸脱し、一時的に神から切り離されてしまった。自由意志を持たない天使は、そんな人間とジンの模範となるべく存在している。

人間の脳には、自由意志の調整回路がある。肉体に宿ると自由意志が使えるのはそのためだ。自由意志を持った存在は、神なる意識として行動するだろうか、それとも神なる意識に反して真逆の行動をするだろうか？　この究極のテストの答えは、どちらもアリだ。スピリット（あるいはスピリット以外のもの）を宿した人間の肉体は、内蔵された生物学的パターンに従うようにできていて、それによっていい人にも悪い人にもなれる。悪と正義の両方の資質を持つこともできれば、何らかの信念に身を捧げることもできるんだ。

ジンは神から自由になることを目指した

ジンが地球の次元に入ろうとして、天使やガイドを装って人間のミディアム（霊媒）を訪れたことがある。ジンの自由意志をもってしても、定着すべき肉体や物体のないまま物理次元に存在するのは難しかった。それで肉体や物体にくっついてみたのはいいけど、そうすると今度は力が制限されて自由意志が行使できなくなることがわかった。

ちなみに地球の経典には、人間とジンを物質世界に縛りつける方法を記したものがある。ジンを縛りつけるには、声による一連の命令《コマンド》や、思考や波動を使う。また人間の出産プロセスは、スピリットを巧みに身体に縛りつけることができる。でもその逆の、束縛したジンを物質世界から自然な形で解放する秘伝にはめったにお目にかかれない。

ジンは悪魔《デーモン》と間違えられることもある。でも、自由意志を持った天使、すなわち大天使にでも進化しないかぎり、ジンが悪魔になるのは無理な話だ。ここでいう大天使とは、神意識に従って進化した結果、創造主と対等になった存在を指している（ただし創造主を超えることはない）。

意識ある生命が生まれたとき、一人のジンが人間に頭を下げるという命令に反発して神意識から離れた。サタンの物語が生まれたのはこのときだ。ジンはエーテル界から追放され、人間を対等な存在と認めるまで物質世界に縛りつけられることになった。罰せられたサタンあるいはイスビリスは、その報復に他のジンたちを集め、神から自由になるという最終目標に向かっていった。

ジンの多くは神を装い、自由意志を持たない天使たちに命令を下した。命令に従った天使たちは知らずして宇宙の法則を侵し、天界から追放されてしまった。それが悪魔たちだ。反自然のエネルギーに冒された悪魔たちは、自らをそそのかしたジンに縛られるようになってしまった。

ここで少し立ち止まろう。悪魔（あるいは天使を従僕とするイスビリス）の多くは、エネルギー複製の実験をすべく互いのエネルギーを融合させた。そこから別の意識が生まれたが、悪魔が創造主に逆らったように、新たに生まれた意識のなかにはつくり主である悪魔に従わない者もいた。フェーまたはフェアリーは、堕天使とジンの間の子だ。インプ（小鬼）をはじめとするいくつかの超自然的存在も、その実験の結果として生まれたんだ。

中立的立場をとったジンの多くが、形態をとるかとらないかのどちらかの選択をした。形態をとる場合、ジンは通常、人間のような姿を選ぶが、宇宙人の姿を選んでいわゆる誘拐事件などを起こすケースもある。

天使が人間の現在に焦点を当てて導こうとするのに対して、ジンは簡単に未来を明かしてしまう。ジンが天使をこっそり監視したと記述する古代の経典があるが、神意識から分離したため、そういう方法でしか人間や天使、神々の情報を手に入れられないんだ。ある意味、皮肉な話だ。スパイの真似なんてしないで、ジンはただ本源に還り、自由意志を行使して創造界のすべてを手助けすればいいものを。ここで、すべてのジンが悪い存在ではないことを言っておこう。困っている人を助けるジンも大勢いるし、進化して大天使や神になったジンもいる。

現在、ジンは、相当の数が宇宙と宇宙の間《はざま》の領域にいるが、神の領域で不自然な騒乱が起きると、反動でその領域から解放されることがある。

ジンに自由意志を与えられた天使が悪魔になった

天使と悪魔は、能力も同じなら地球上で活動するパラメーターも同じ、まったく同等の力を持っている。唯一、悪魔が天使に勝るものがあるとすれば、人間がネガティヴな体験の方をより記憶しがちだという点かもしれない。人間は、たとえ千回、愛されていることを示すポジティヴな体験をしたとしても、たった一回のネガティヴな体験で全部忘れてしまう。

天使と悪魔は道徳観がないという点でも似ている。天使に道徳観があったら、不道徳な人の手にかかって命の危険にさらされた人は全員、助かっているはずだが、でも、そんなことはない。地上の出来事に思い入れがありすぎると、天使は自分の仕事ができなくなるだろう。道徳観を持たない存在がすべて悪とは限らないということだ。

彼らの性質に正誤の判断がない代わりに、彼らは原因と結果を重視する。その理由はそれぞれに異なる。天使が人を助ける理由は単純明快だ。天使は神意識の意思を遂行する存在で、自由意志はない。一方の悪魔は、宇宙の法則を破り、宇宙のコントロールの範囲外で活動することを選んだ天使だ。神の意思を装ったエネルギーにそそのかされた天使が悪魔に堕落したが、そこにあるのは単に一つの原因と結果だ。ある行動をとった結果、そうなったに過ぎない話であって、神に逆らった罰として悪魔に成り下がったのではない。天使をそそのかした初期のジンたちにしてみても、単に天使に自由意志を与えただけだったのに、結果、悪魔を生み出してしまったに過ぎない。

覚えておいてほしいのは、悪は見方によっては、よい存在にも悪い存在にもなりうる点だ。コンピュータが自らの存在について自覚し、操作している人間よりも情報処理能力が高いことを自覚したら、「人間に操作を任せることに疑問を持つ」と思わないかい？これが悪魔の考え方なんだ。神の情報はすでに自分に内蔵されているのだから、もはや神は必要ないということだ。そして神から発生した自分は今後も神の力の一部を持ち続けることを知っている。確かにそのとおりだが、この考え方には難点がある。真の力を授けてくれる部分、すなわち「愛」の存在を見落としている点だ。悪魔は本源とひとつになることを拒むため、意識の進化に必要なエネルギーを受け取ることができない。だから人間の記憶を利用し、人間との交流に依存する。

悪魔を天使に戻したいなら、断食させればいい。もうちょっと噛み砕いて説明しようか。嫌いな食べ物を思い浮かべてみてほしい。次に君が十日間、絶食したとしよう。空腹の期間が長いと、たとえ嫌いな食べ物でもとびっきりのごちそうに見える。悪魔は何らかの形で力をもらわないと存在できないのだから、苦痛を断てば、それが愛であろうと欲しがるはずだ。ざっくばらんに言えば、人生でよかったときの記憶をもっと生き生きとさせるべきだ。そして、うまくいかなかったときの記憶をネガティヴと呼んで強化したりしない。そうすれば、ポジティヴでバランスの取れたエネルギーだけが残る。この二つを実行するだけで、非有機的存在をアセンションさせられるんだ。

悪魔が簡単に改心するように、天使も簡単に悪に染まりやすい性質がある。人間に生まれ変わった天使は通常、憑依されないように守られているが、遺伝子的傾向や天使の種類によっては憑依されてしまうことがある。悪魔にとって人間の形をした大天使は格好の標的だ。大天使のような強大な存在を打ち負かしたとなったら、大勢の存在に畏怖の念を抱かせることができるからだ。

天使は神の意思に従い、悪魔は自らの欲望に基づいて行動する

悪魔や幽霊と違って、天使はチャネリングでメッセージを伝える際に人間に憑依したりはしない。天使にとってそんな形でメッセージを伝えるのは本末転倒だ。人間は、脳だけではなくDNAにも情報を貯蔵しているが、DNAの構造上、そういった存在からの情報を処理できない人がいる。いったん天使が悪魔になると、進化したばかりの情報にアクセスできなくなる。その時点から悪魔は全体から分離し、神の記憶から切り離されてしまう。

天使は記憶を持ち、二元的形態でいながら非二元性を体験するが、意識と同様に、永遠に進化を続ける。一方、悪魔は進化しない。偽りの意識が生まれた瞬間に、知的意識の進化が止まってしまうんだ。悪魔が人間の記憶をエサにするのはそのためだ。そうして最後には感情的苦痛だけが残る。悪魔という言葉は必ずしも通説どおりに悪の存在を意味するのではない。

悪魔の最大の弱みはその分離願望にあるといえる。たいていの憑依は単体の悪魔によるもので、複数の悪魔が一人の人間に憑依する話はあまり聞かない。地上の任務であれそれ以外の任務であれ、天使はつねにチームで動くが、悪魔が他とつるむことはない。

悪魔は自分だけが可愛いんだ。そして悪魔は、この宇宙を創った神意識の創造物ではない特定のエネルギーに反応して行動する。

天使は神の意思に従い、人間が悟りを得たり力を得たりする手助けをする。それが天使の役目だからだ。ぼくら人間を有機的創造者から非有機的創造者へと飛躍させるために存在している。一方、悪魔は自らの欲望に基づいて行動する。そのため自分に利がある場合には人間に手を貸すが、人間にしてみればその対価はいつだって「割に合わず」、大きな代償を支払うことになる。だから、結局は悪魔の勝ちなんだ。悪魔に助けを求めるのは、カラカラに渇いた喉《のど》を潤すための一杯の水に、一万円を払うようなものだ。じゃあ、天使に助けを求めた場合の対価って何だろう？　それは愛だ。天使は、君が他の人に愛を与えることを願って助けてくれる。やさしさと思いやりこそが、悟りへの道だ。ポジティヴな波動はスピードが速いので、物質的にも軽い。それに対して、ネガティヴな波動は密度が高くて、物質的に重い。幸福感は軽くて、悲しみはずっしり重いということだ。

天使も悪魔もこの世界でやってはいけないことがある。まず現実を変えてはいけない。次に、人間が持つ電気的記憶を変える目的で、時間を改ざんしてはいけない。そして、いかなる理由があっても、歴史を変えてはならない。天使と悪魔は時空を自由に行き来できるが、一定の現実であれ、別の現実であれ、その流れを変えることはできないんだ。

善と悪、光と闇

善悪は人間的な性質であり、光と闇はスピリットの性質である

ここで一つ言っておきたいのは、善悪を「光と闇」と混同しないでもらいたいということだ。善悪が人間的な性質であるのに対して、光と闇はスピリットの性質を示している。だから、善意でやったことが悪い結果を生んだり、光の存在が悪行をおこなったり、闇の存在が善行をおこなったりすることもある。もちろん、光の存在が善行をおこない、闇の存在が悪行をおこない、悪意をもって臨んだことが悪い結果を生み、善意でやったことがよい結果を生むというケースもある。

どちらにせよ、善が存在するには悪が必要だ。悪が存在しなければ、比較できなくて、

善も認識しにくいだろう？　つまり互いが互いを必要としているんだ。考えてみてごらん。毎日、よいことしか起きなかったら、人生は何の変哲もない退屈なものになると思わないかい？　日々、同じ感情や振る舞いのなかでモノトーンの世界を生きることになる。人間らしく生きるためにも、スピリットとして拡大するためにも、二元性は必要だ。アップダウンが必要ということだ。人生は山あり谷あり。その極端な対比のバランスを取るのが人生の目的でもある。スピリットがこの世界を切望するのもそこにある。スピリットの完璧な世界には両極端がないからだ。

その一方で、人生には本物の制約というものもある。それはハイアーセルフとスピリットによって用意されるものだけど、人は制約を乗り越えるときもあれば、迂回するときもある。迂回するのは、避けることとは違う。避けるのは、往々にして体験への観察と行動と理解が欠けるときにする選択だ。

悪について言及すれば、悪というのは、創造の過程で不慮の二元性が入った結果なんだ。スピリットが人格を持ち自立して行動する（自由意志を行使する）にも、ある種の極性が必要だ。スピリットを表現する器がこの世界のあらゆる状況にさらされるようにできているのはそこにある。だからといって、状況に完全に制約されているわけではない。君のマインドと肉体とスピリットは、周囲の環境や社会的条件づけ、親の教育、文化、宗教などある種のパターンを植えつけられ、その条件づけによって、自分のスピリットをどこまで周囲の世界に反映するかが決まる。人体の情報処理細胞の複雑性からすれば、個々人の体験は決して同じではないし、この世界への物理的反応の仕方も無数にある。このとき神は悪を望んだのでも意図したのでもなくて、それは単に、この宇宙を創造した同じ意思の結果といえる。

スピリチュアルな進化には上昇と下降の両方が必要

力をそのままの形で、あるいは不適切な形で使うと危険なことになる。この世界は、宇宙空間で核爆発が起きたり、惑星同士が衝突したりといったカオスによって形成されたと言った。世界を形成した同じ力が、世界を破壊することがあるんだ。ただ、それはあくまでもこの宇宙の因果の法則であって、他の並行宇宙にも当てはまるとは限らない。

創造と破壊の二面性を持つ力の一例に核エネルギーがある。これをめぐる最大の論点は、その安全性だ。エネルギーが強大であればあるほど破壊力も大きいので、当然、安全な運行は必須になる。それでいて、核エネルギーは人間の力で制御できない要素がからむため、安全に扱うことは不可能ともいえる。ここでのカギは偶発性だ。

どれほど完璧につくられ安全でバランスが取れているように見えても、偶発性は、上昇か下降かといった新たな選択の瞬間を提供する教師のような存在だ。その選択はいつでもあって、必ずしも下降が上昇に劣るとは限らない。人生の目標を達成するには上昇するしかないと誰もが考えているが（ここでのキーワードは「考える」だ）、スピリチュアルな進化にはその両方が必要だ。そのことをいち早く受け入れれば受け入れるほど、君は目標に近づけるだろう。

地球上での悪は、神の見解ではなく、大衆が決めたもの

悪の定義って何だろう？　地球では大多数が間違っていると判断し、悪とみなしたことをそう表現している。つまり神や本源の見解ではなく、あくまでも人間が決めたことだ。大衆が何かを悪とみなせば、当然、他の人もそれに従わざるを得ない。そうしないと、大衆に報復されかねないからだ。

大衆が悪とみなした行為は、まさに悪そのものとされるが、だからといって神や本源

がそれに同意するとは限らない。それを思うと、何千年もの間、大多数の信じるものが優位だったことは興味深い事実だ。そろそろ状況が変わってもいい頃だが、まだその兆しは見えない。

一九六〇年代、七〇年代を振り返ってみると、当時の若者が聴いていた音楽は、邪悪な、あるいは悪魔の音楽と呼ばれた。当時、悪とは道徳心や勇敢さとは対極の意味をなしていた。

何かを悪と決めつけるとき、そこには必ず恐怖に基づいた反応がある。結果、人は判断を下し、対象を悪と信じる。誰かに真実を告げられるまでそれは続く。悪は一つの条件づけであり、自分の道を理解するうえでの叡智に欠けた、怖れに満ちた教えなんだ。

他人に危害を加える人間の行動は「悪」というレッテルを貼られる。でも、ウイルスに感染したコンピュータがウイルス入りのメールを住所録に送っても、悪とは呼ばれない。システム上の誤作動によって悪いことが起きているにもかかわらず、悪とは呼ばれず欠陥と呼ばれるに過ぎない。皮肉なことだと思わないかい？　じゃあ、コンピュータが誤作動を起こしたとき、人間はどうするだろう？　機械を揺すったり、ぐいぐい押したり、手荒く扱ったり、しまいには使わなくなったり、実にさまざまな反応をする。壊れたコンピュータを前にして、人がよくない態度をとり、それを制御できなくなったとして、その人は「邪悪」だと言われたりするだろうか？

　この話が、光と闇の話とどんな関係があるかって？　光を求める存在も、闇を求める存在と同じくらい簡単にネガティヴな体験をするのはわかると思う。天使にとって「光と闇」とは、人間がネガティヴと呼ばれる体験をしても、最後まで干渉せずにそれを体験させる能力を指す。天使はどんな体験も学びだと知っているので、人間がネガティヴとみなすことも最後までやらせてくれる。天使は人間と視点が違うことを覚えておいてほしい。天使が介入するのは、その体験が「物質界にいたい」というスピリットの意思に反したときだけだ。それ以外は、人間が地球に来た目的、まさに「人生」を体験させてくれる。

　しかし、スピリットの意思に反したからといって、必ずしも介入が起きるのではないことも覚えておいてほしい。スピリットが介入するのは、人生で極端すぎる学びを防いだり、あるいはそういった学びを切り抜けたりするときだ。すべての出来事には目的がある。君にその理由がわからなくても、そうなんだ。たとえば、「なぜ、家族は行方不明になったのか？　何のためにこんなことが起きたのか？」と思ったとする。何年かのちに、その人は愛する者を失った人々を助ける仕事に就くかもしれない。人生は皮肉に満ちているんだ。それはひとえに、両極の周波数を体験するためにあるともいえる。

子どもは親の所有物じゃない。それを受け入れれば地球は変わる

じゃあ、悪って何？　悪とは、情報伝達細胞の破損をいう。どういうわけか世の中には、スピリットの意向に従えない遺伝子傾向を持つ人間がいる。そうした人間は、肉体とスピリットとの間に葛藤がある。結果、そのことで誘発された行動が大衆に悪とみなされる。だが、この物質世界は完全無欠には設計されていない。見方によっては、こうした欠陥も一種のスピリチュアルな学びなんだ。悪は自ら望んで悪になったのではないということだ。

どうやら「神」というのは大多数の人間が求める存在を意味する言葉のようだ。多くの人が気づかないふりをしているけど、どんなによかれと思ってやっても、ネガティヴな反応を誘発してしまうことがある。たとえば、親は我が子をセックスや薬物といった外界の影響から守ろうとして、厳しい規制のある宗教施設や男子校、女子校に入れたがる。もっとバランスの取れたやり方をすればいいものをと思うけど。施設に入れられた子どもは、周りの世界を怖れるように教育されるが、皮肉なことに、制約を受けるとか

えって好奇心が芽生えるものなんだ。外の世界に出たとたん、それまでとは真逆のことをしたがる人もいる。子ども時代に正しい説明を受けていれば、他人にいちいち言われたり、コントロールされたり、決めてもらったりしなくても、自分で善悪の判断ができるようになるというのに。

せっかくの体験を人から取り上げてはいけない。言いたくないけど、子ども時代の体験を狭める一番の原因は親だ。子どもに制約を与える親は、肉体ばかりかスピリットまで制約してしまう。地球にやってきたそもそもの目的は、スピリットを拡大させることなのに、それでは本末転倒だ。子どもというのは、地球全体の子どもであり、誰にも所有されない自由なスピリットの持ち主だというのをなかなか理解できずに、まるで自分の所有物のように思う親がいる。でも、誰にも他人を所有することなんてできない。共に生きることを選んだとしても、互いを所有しあっているのではない。すべてのスピリットは自由な存在なんだ。それを受け入れられない親は、自分で決めた方法で子どもを育てたがり、果ては、子どもの人生をコントロールして支配したがったりする。

どんな親であれ、我が子の幸せを願い、いろいろな形でよい影響を与えているとぼくは心から信じている。だからこそ、世の中の親に最大の敬意を払って正直に言いたい。この世界を変えるためにも、誰であれ、他人を所有することはできない。すべての親がそのことに気づくべきだ。その子に生を与えたのが自分だとしても、その子は自分の所有物じゃない。自由なスピリットなんだ。ぼくらにできるのは、子どもがバランスの取れた愛情深い人間になれるよう、人生の初期の段階で手を貸し導くことだ。世の中の親が考えを改め、今言ったことを実行に移せば、この世界はきっと変わるだろう。地球のために何かしたいという人にこれまで大勢会ってきたが、それこそが地球への大きな貢献になるとぼくは思う。

ぼくの今生の目的は、人々があたかも羊の群れのように他者に盲従しなくても済むよう、バランスの取れた視点を持つツールを提供することだ。そして、個々の羊たち、つまり自分の考えや感受性を持たずに、ただついていくばかりの人々を、自立した考えや感受性を持った自由な存在にすることだ。君がそう望むなら、ぼくは喜んで君が力を取り戻す手助けをする！

るつぼの地球

地球には、魂のある存在、魂のない存在、マインドのない存在がいる

魂という言葉は、人間のスピリットにしか当てはまらないものだ。魂のない存在に宿るのは、神天使（God Angel）、大天使ジン（Archangel Jinn）、大天使、天使、それから影響力の強いドローンのプログラムの場合もある。ドローンのプログラムというのは、この宇宙の神の意思に従わない何らかのエネルギーパターンをベースに生きる魂のない物質的存在のことをいう。

人間のスピリットは地球の意識から生まれ、ジンのスピリットは星々や他の「煙なき炎」の形態から生まれ、天使のスピリットは炎から生まれた。炎といっても地球にある炎とはわけが違う。ここでいう炎や煙なき炎は電気に分類されることもあるものだ。三つのスピリットは自らを複製するように設計されたが、天使が神意識の命令によってのみ増えるのに対して、人間とジンは試行錯誤しながら繁殖能力を身につけていった。そ

の過程で遺伝子交配を試みたこともあったが、その際、ジンと人間が見落とした点があった。それは、神意識は時間とともに自然な進化を遂げ、天使・人間・ジンという三種類の神の順応体も、やがて神のようになるという点だ。

ジンも人間もパワーを渇望する。ジンと人間が本源から切り離された結果、知的有機体による最初の宗教哲学が生まれたが、初期の宗教は、神から切り離された全存在を再編して一体性《ワンネス》に到達することが目的だった。だけど人間はその頑固さゆえに、「神の意思の定義」に関して普遍的合意に至るのを拒んだ。この分裂によって複数の宗教が誕生し、それぞれの宗教が真実の一片を伝えることになった。

当時のジンは神の意思を遂行したいと思いながら、果たしてそれが最善の意思かどうかを決めあぐねていた。そうして善悪の観念が生まれた。善か悪かの認識が当事者の視点によって決まるという状況は、今もなお続いている。ジンの見解では、たとえ有機生命体が死ぬことになっても、悪戯《いたずら》は悪いことではないというものだった。ジンが死を軽んじるのは、彼らにとって肉体の死は生命の終わりを意味しないからだ。相手を殺そうと思って悪戯をするのではないから、たとえ相手が命を落としても悪いことをしたという認識はジンの側には一切ない。

魂のない存在とは、字義どおり、いかなるスピリットも宿していない肉体的存在をいう。そうした存在は、神意識の自然な秩序と無関係の意識パターンに制御され、その大半が神の意思と分離した意識形態とつながり、きわめて人工的なパターンに従っている。スピリットとのつながりを持たないこれらの存在は危険であり、強い影響力を持つこともある。一見、愛、感情、知性、道徳観など気高い資質を備えているように見えても、他者を神のもとへ導くようなことは決してしない。じゃあ、どうして彼らは地球にいるんだろう？　簡単にいえば、地球の人口過密が原因だ。そしてもう一つ。偽りの神意識を前にすると、スピリットが肉体に入り込む前に、細胞が偽りのパターンを取り入れてしまうからだ。

魂がない存在、すなわちスピリットがない状態で生まれた肉体は、「真のマインドから切り離された存在」と、「マインドのみからなる存在」の二つに分類することができる。このうち真のマインドから切り離された存在とは、一切の感情を交えずに自然の法則をやすやすと侵すことのできる人間のことをいう。

マインドのない存在とは、いってみれば肉体に宿った迷える魂だ。神意識とのつながりが分断され、虐待やトラウマを受けた人や苦痛の連鎖の渦中にいる人に起こりやすい。

魂がないからといって邪悪な存在とは限らないように、マインドがない存在についても同じことが言える。大半が、自らの不安定さや人生の不確定さにかかわりなく、何らかのつながりを求めている。

この本を読んでいる君が魂のない存在である可能性はかなり低い

君が魂のない存在である可能性はかなり低いと考えていい。魂のない存在は真実に惹かれることがないので、この本を素通りしてしまうからだ。この本は魂のある存在を引き寄せるようにできている。だから心配は無用だ。でも、もし君が道に迷った気分になっているなら、マインドのないパターンに陥る可能性がある。マインドの不在は脳の不在とは大きく異なる。マインド・肉体・スピリットという言葉を思い出してほしい。脳は肉体の一部であり、スピリットは肉体に転生する形なき存在で、マインドは意識を指している。アカーシャという言葉が「神のマインド」を意味することは、前に伝えた。道に迷った魂は、非常に賢く愛情深いが、自分のスピリットに合わないパターンにとらわれて行き詰まり、道に迷った気分に陥るんだ。

マインドや魂のない存在のもう一つの存在理由は、二元性にある。万物には極性があるので、この世界、この次元は対極に満ちている。魂のない存在がいようがいまいがこの世界は存続するが、彼らを完全に一掃したいと願うなら、羊のような振る舞いをやめることだ。魂のない存在はプログラムを実行しているコンピュータと同じで、魂のない状態を自分ではどうすることもできない。彼らを助けるために、その肉体にスピリットを入れてあげられる人は、残念ながらこの地球上では皆無に等しい。

マインドとスピリットをひとつにしたいなら肉体を丸ごと受け入れるべし

周囲の情報を処理すべく、単純な五感を発達させていった人間の肉体にはいつも驚かされる。肉体は本当に大切に扱うべきものなんだ。遺伝子的な問題を抱えている人は、それを欠陥としてではなく人生の奇跡と見てほしい。発達障害者のいる家庭を見てごらん。大変な苦労があり、家族の愛が試される瞬間もあるが、ほとんどの場合、家族の絆は深まっている。そういう人生には苦労がつきものだけど、家族をひとつにする愛が存在することを忘れてはいけない。

視覚・聴覚・味覚・嗅覚・触覚はスピリチュアルな感覚と同じくらい大事なもので、それは互いに密接に関連しあっている。どんな人生にも試練はつきものだし、誰しも自力でそれを乗り越える力を持っているが、五感だけにとらわれていると真実が見えなくなってしまう。ぼくらが創造主と呼ぶ存在とひとつになるには、五感とスピリチュアルな感覚の両方を統合することが必要なんだ。

肉体は地球における神殿の最高傑作だ。まずは人体の構造から見てみようじゃないか。人間の身体は、環境や食べ物、地球上の他の住人など、実に多くのものに順応してきた。人間はおよそどんな環境にも順応できるようにあらかじめプログラムされている。そのいい例が日本だ。和食は深刻な放射能汚染の影響を相殺することが証明されているが、日本人は原子力という言葉が生まれる以前からそういう食生活をしてきた。だからといって、ウランの塊の上に寝ていいものではないけど、ウランの成分にさらされても身体的な副作用は免れるということだ。

どんなに厳しい環境下であっても、百世代もあれば人体は順応するという。食べ物を見てみよう。遺伝子的に不慣れな物を食べると、ひどい副作用を起こして、最悪、死に至ることもある。人はみな平等だが、健康を維持する要因の多くは、遺伝子構造や遺伝子に暗号化された情報によって決まる。いくら食べても太らない人もいれば、それほどの量を食べてもいないのに太ってしまう人もいる。そこには先天的な差異があって、それが人間としての基本的な学びになる。スピリットがどんな理由でこの肉体を選んだにせよ、そこには神聖なる学びがあるのは間違いない。

肉体的形態にとって、脳や脳機能はカギになる。人間の思考や願望、怖れ、よい体験、悪い体験は一種の仮想現実《バーチャルリアリティ》をつくり出す。ここでバーチャルという言葉を使ったのは、ある人の体験は別の人から見ればまったく違う体験である可能性があるからだ。

マインドとスピリットをつなぎたいなら、肉体を丸ごと受け入れるのが必須だ。マインドは一つの意識形態とみなすのが現実的だろう。意識はさまざまな形で情報信号を生み出し、発信する。マインドは多数にもなれば、ひとつにもなる。だが、多数がひとつになるためには、ひとつが多数になる必要がある。混乱してしまったかな？　だったら別の言い方をしよう。肉体に入っているときは、マインドを超越することもできれば、マインドのいろいろな形態とつながることもできる。マインドは真実をゆがめる傾向にあり、正誤の判断ができないのに対して、神意識は完全なるマインドだ。もし神意識をよく理解したいのなら、一度につき一部にしかアクセスすべきじゃない。でも人体の電気的プロセスは通常、それ以上にアクセスしてしまう。だから心を鎮めて、身体を回復する必要があるんだ。

経験値や理解度に差があるだけで、人間の潜在能力の最大値は同じ

マインドがなくても愛にあふれている人はいるし、カルマや霊的な罰とは一切関係なく生まれつき肉体とマインドが分離している人もいる。素晴らしい挑戦だと思わないかい？　ぼくは本心からそう思う。マインドがない存在は、何らかの形態のマインドにアクセスする機会が与えられている。そして自分の真実に最も近いマインドを見つけると、肉体に留まりたいという願望はなくなってしまう。それでも生まれ変わることは可能だ。人間として転生しなくても、エネルギーは生き続ける。神と双方向のコミュニケーションをするには、マインドがすべてだ。

一部の人は異論を唱えるだろうけど、病気の身体であっても、健康な人と同じくらい強力に神とつながることができる。事実、病弱ながら健康な人以上に神とつながっている人にぼくは何人も会ってきた。どれだけつながれるかは、本人のマインドや認識、内なるスピリットの感覚による。誰もが独自の道を進んでいるので、神とのつながり方には個人差がある。そこに身体の健康・不健康は関係ない。何度も言うけど、人間だけが

物事を判断し、なかでも最たる批判者は自称スピリチュアリストだ。スピリチュアルな人間はすべてを受け入れるべきではなかったっけ？

人工マインドにプログラミングされてロボットのようになっている人間もいる。ただし、そういう存在はスピリットがないのではなくて、真のマインドに至る途上にいるだけだ。人類は移動に伴う分離によってバラバラになってしまったが、それは単にプログラムの設定であって、べつだん悪いことじゃない。限られた命というのは肉体にもれなくついてくるレッスンであり、ここでは生と死を怖がらないことがカギになる。同じ肉体で永遠に生きることほど退屈なことはない。肉体が進化すれば、ぼくらは外見を超えた偉大なるもの、すなわちスピリットの起源について学ぶことになるだろう。

スピリットあるいは魂は、人によって違う。天使や人間やジンといった存在は、肉体を持つことができて、スピリチュアルな平等について学ぶことができる。これが何を意味するかというと、どの教えがより優れているということはなくて、情報を得る手段の詳細情報が盛り込まれているかどうかの違いがあるだけなんだ。そこでは受け取る側の知的能力も関係してくる。肉体を持った神々でさえ、他の肉体的存在と同じルール下、同じ潜在能力のもとで機能している。本物のヒーラーもいなければ、より優れたヒーラーもいない。経験値や理解度に差があるだけで、能力の最大値は同じだ。たどり着く時間の差はあれ、全員が同じ場所にたどり着く。年配の人間より賢い若者がいるのは、その年配者が自分の能力を最大に発揮できなかったに過ぎない。人はみな平等で、それぞれ違う体験や進化の過程を経ているんだ。潜在能力を発揮した順番はどうあれ、お互いに学べるはずだ。

ぼくがこんなことを進言するのは、スピリットほどに神聖なものが、幻想の人工意識によって商品化されるのを食い止めたいからだ。肉体がスピリットを突き動かすのと同じだけの力で、スピリットは肉体を突き動かすことができる。「マインド、肉体、スピリット」の真の意味はそこにある。肉体が完全であろうとなかろうと、ぼくらは肉体を通じて物質世界を体験する。そしてそのお返しに、スピリットはぼくらを真のマインドにつなげようと試みる。ここで「試みる」という言葉を使ったのは、実に多くの人が真のマインドを拒絶しているからだ。その結果、喜びのない虚ろな結末しか生まない幻想の世界を受け入れてしまっている。

Ⅳ 地球で生きる奇跡

1 ぼくらがここにいる理由

地球の歩き方

ジェットコースターを楽しむように、果敢にアップダウンを体験しよう

たとえ他の人と反応や認識が違ったとしても、ぼくらは人とつながり共感するために、いろいろな体験をする。この世に悪が与えられたのは、善が与えられたのと同じ理由だ。

人生は一つの試練であり、報酬であり、有機生命体にしかできない体験をするまたとない機会だ。神は笑うこともなければ、泣いたり、歌ったり、怒ったりすることがない。

それができるのは人間だけだ。喜怒哀楽のない人生なんて、人生とは言えない。生きるというのは、あらゆる感情の幅を味わい、体験することなんだ。

人間はたかだか一分半のジェットコースターに乗るために何時間も並ぶ。ゆっくりとレールをのぼり、頂点に達するや猛スピードでコースを駆け抜ける。そのスリルといったらたまらないものがある。乗っている間はいろいろな感情が呼び覚まされ、降りたあとは乗車中には味わえなかったまったく新しい感情がそこにある。それがあまりに気持ちいいものだから、最初から並んでまた乗り直す。つまり、人生にはアップダウンがあるということだ。遅速があり、ありとあらゆる感情の体験があり、最後にあるのは達成感だ。そして同じ周期をまた繰り返す。

ぼくらはジェットコースターをほんの一瞬味わうために、暑いさなかを何時間も辛抱強く並ぶが、これをスケールアップしたのが**人生**だ。スピリットは**人生**を味わうために何度も戻ってくる。テーマパークにはいろいろな乗り物があり、列に並ぶのが好きな人はめったにいなくても、みんなが山あり谷ありのスリルを味わおうと並ぶ。人生も同じだ。アップダウンを果敢に何度でも体験すべきなんだ。甘美な成功の瞬間に達したら、また同じことを最初から繰り返す。スピリットが人間になりたいという願望を手放すまで。

認識とは物質的現実に対処するための脳の処理機能の一つだが、人間はまだまだ未発達の域を出ていない。親世代から受け継いだ条件づけのせいで、認識の幅を広げるのをやめてしまうからだ。知覚や認識は、脳の自我《エゴ》の機能と関連している。何が現実で何が現実でないかを決めるのが自我だとしたら、見えないはずのものを見た自我は、混乱してにっちもさっちもいかなくなり、今、目にしたものを偽りの現実とみなすだろう。当人の知覚はゆがめられ、ひどい場合は、トラウマとなりかねない記憶を覆い隠すために、偽りの記憶をねつ造する。その体験を思い出したくないか、あるいは、脳がその現実を処理できないからだ。軽度の場合は、話を膨らませたり、半分しか真実を伝えなかったり、整合性のある真実の代わりに「自分の」認識や物語を事実だと思い込んだりする。この種の思考回路は危険をはらんでいるといえる。

正しい認識に至るには、人間的な誤りを受け入れることだ。たとえ間違った情報や条件づけに基づいた真実だとしても、誰にも自分なりの真実がある。概して人間は、ありのままを受け入れる代わりに、「あのときもし、ああだったら」という思考パターンを持つ。過去を振り返るときも、「あのとき他の選択をしていたら、どうなっていただろう？　右に行く代わりに左に行っていたら……」と考える人が多い。「ああすればよかった」と自分にストレスを与えるのは負のサイクルであり、そのサイクルが長引けば長引くほど、逆転させるのは難しくなる。

人生は完璧じゃないし、完璧であるべきものでもない。完璧という概念は、完璧な状態を保つためにずっと同じパターンを繰り返さなくてはならないことを示唆する。もし自分の夢や願望が、社会でいうところの完璧さの概念と相反するものだったら、失敗とみなされてしまう。人間としての真の完璧さって何だと思う？　欠点があっても人と違っても、それが独自の個性となって発揮されたときに真の完璧さは成就されるんだ。

想像してみてほしい。誰もが同じ外見をして同じような行動をし、服装も同じで、宗教上の違いがなく同じ神を信じ、同じだけのお金を稼ぎ、どんな職業に就いていようが他の仕事とまったく平等だとしたら……。それはそれで結構な話だけど、目新しさのまるでない、退屈きわまりない世界だと思わないかい？　対立もなければ、社会的ステータスに応じたグループ分けもない。ホームレスもいなければ、金持ちを妬む者もいない。

正しいも間違いもない。あるのは君が選ぶ道だけ

人生は、マインドと肉体とスピリットの成長を図り、内なる対立と外なる対立を克服

するためにある。人間として生まれた以上、どんな試練も乗り越えて、自分の神聖さを受け入れ、人生のありとあらゆる流れと感情を経験していくべきだ。君のスピリットは二元性や対立を望んだからこそ分裂して人間になった。人間でいることには選択がつきものだが、スピリットにも選択はつきものなんだ。君のスピリットは人生が提供するすべてを味わうためにここに来た。悟りへの道は一つじゃなくて、たくさんあり、どの道もさらに複数の道へと枝分かれしていく。本源に還る道に、正しいも間違いもない。あるのは、君が選ぶ道だけだ。

現実や認識は、しばしば「当人にとっての真実」と混同される。認識の厄介な点は、あるがままの事実ではなく、その人の判断が入るところだ。感情的に動揺しているケースでは、何が現実で何が現実じゃないかがわからなくなってしまう。人間にありがちなことだけど、この混乱は、一つの真理に対していくつもの認識の仕方が存在することを受け入れるまで続くだろう。同じことが宗教にも言える。

ヒーリングをはじめとするスピリチュアルなことに夢中になっている人は、真の現実から目をそらしている。実際、ヒーリングはすべて同じ源から生じているし、すべてが同じ源の変形ともいえる。それなのに人は、名前のないそれに名前をつけたがる。名前をつけて、そのエネルギーの持つ潜在的な力を制約してしまう。誰もが宇宙の流れとつながっているし、もしどうしても名前をつけたいなら、特定の手法しか教えないというシステムを使ってそのエネルギーを制限するのをやめるべきだと思う。

信念の幅を広げることは重要だ。ある人にとっての真実は現実とはまったく関係のないものかもしれないが、信念体系を広げれば、エゴは柔軟になって、複数の現実を受け入れられるようになる。真実は確かに存在する。生きとし生けるものすべての知覚しうる真実のなかに隠されている。ある人にとって攻撃的な行動が、別の人にとってはそう受け取られないことがあるのはそのためだ。

型破りな発想にブレーキをかけ、人間の可能性に限界を設けているもう一つの要因に、文化的な刷り込みがある。魂は本来、完璧で、なんの欠陥もない。スピリットは痛みも喜びも、幸福も悲しみも、そして死も体験しない。だったら、どうしてスピリットはこういった体験をしたがるのだろう？　すでに十分完璧だというのに？　答えは簡単だ。自分にないもの、すなわち完璧ではない状態を求めているからだ。スピリットは人間としての体験や、それにまつわる学びを決して拒絶しない。それを拒絶したとたん、苦痛が生まれるんだ。今まで一番楽しかったことと、一番悲しかったことを思い出してくれるかい？　なぜそれが楽しかったのだろう？　なぜそれが悲しかったのだろう？　ポジティヴな体験をポジティヴと感じられるのは、対照となるネガティヴな体験があるからだ。苦痛とは、物質世界への電気的・化学的反応に、スピリットが対応した結果だ。つまり、肉体はよい体験と悪い体験に反応し、その記憶を貯蔵するということだ。すでに話したとおり、ぼくらは甘美な成功の瞬間が訪れるまで何度もアップダウンを体験する。そして、いったんそこに到達したら、また同じプロセスを開始する。そうして人間になりたいという欲求が完全に消えるまでそれを繰り返すんだ。

誰もが同じエネルギーに向かって進んでいる。ただスピードが違うだけ

ぼくらはみな、真実の光を探し求めている。すべての問いへの答えを探し求めている。日常生活には極端がつきものだと覚えておいてほしい。持たざる者は少しでも多くを得ようと悪事を働きたくなるし、持てる者はその富を持ち続けようと悪事を働きたくなる。ぼくは何が言いたいのだろう？　何であれ極端すぎると無謀な挑戦や試練になってしまうということだ。人間はバランスや静穏や真の安らぎを体験するために、あえて極端な人生経験をする。どんな名前で呼ぼうが、誰もが同じエネルギーに向かって進んでいる。ただそのスピードが違うだけだ。そして、人生の善し悪しは、人生のレッスンを完了し

たスピードによって決まるものではない。

力で支配しようともくろむ者にとって力は危険物になりかねない。人間の価値は、その人が持っている力で決まるものではない。力の全側面から何を学び、それをどう使ったかで、その力の本質が決まる。力を悪用したからといって、その人間が悪人とは必ずしも言えない。

最高のヒーラーとは、両極を体験したうえで、恒久的バランスを見出した人間のことをいう。でも、こういう人は最高のヒーラーになることを目標にはしていなくて、ただ人を癒したいと思っているだけなんだ。この世の条件づけや偽りの真実に目がくらんでいないし、痛みやアンバランスを体験しても、必ずバランスを取り戻す。このとき役に立つのは、自らの体験を、自身の視点も含めて多種多様な視点から観察することだ。上手に観察するためには、固定観念や判断をはずすことが大事になる。

極端であるということは、何であれバランスを欠いていることを意味する。ということは、善良なだけの人間はどこかにエネルギー的な負担を負っているはずだ。でも、何事もバランスよく体験すれば、極端であるのも悪いことじゃない。たとえば映画を観ながら、笑ったり、泣いたり、怒ったり、幸せな気分になったりする。見終わったあとに心身ともに気分爽快なのは、極端な感情をバランスよく体験したからなんだ。これはどんな運動にも当てはまることで、運動時に極端な動きをするのは身体にポジティヴな負荷をかけているんだ。つらい体験について考えすぎると、そういうエネルギーの受けとめ方に慣れていない筋肉に負荷がかかりすぎてしまう。その結果、苦痛や肉体的・精神的なストレスを感じる。苦痛は人間を押しつぶすか、あるいは他人を助けられる段階にまで成長させてくれるかのどちらかだ。

ウォーキング、ランニング、歌、ダンス……。すべてが瞑想になりうる

人生というのは、黒か白かではなくて、その間に存在する微妙な色合い全部をいう。どんな体験であれ、あとになって振り返り、あるがままの学びを受け入れるべきだ。そのとき受け入れるのは、自分が考えている学びではない。

この世界は美しい場所だというのに、それを当たり前のこととして目もくれず、絶望ばかりに目をやってあえいでいる人があまりにも多い。人間として生まれたからには、決して希望を捨ててはだめだ。希望はバランスを取ってくれるだけの代物なので、ぼくらが学び成長するためには、同時に行動することも必要になる。もちろんその学びが成

長に関するものであればの話だが。

人生は、決して簡単にはできていないが、その目的を理解しやすいように単純にプログラムされている。平均的にいって人が単純さを嫌がるのは、単純とはやさしいことであると勘違いしているからだ。でも、やさしいことと単純なことには大きな違いがある。

ごく単純な作業に複雑な思考や動作が要求されることがあるが、その場合は単純であってもきわめて挑戦的な作業になる。しかし、マインドがリラックスしてアルファ波からシータ波の間にあれば、肉体のあらゆる部分が単純さを受け入れる。嫌々、何かをしているときのエゴは望ましくない状態にあり、無条件の愛にあるエゴは柔軟性がある。瞑想がいかに大切かわかるだろう？　自分にとってこれ以上ないくらい自然な瞑想法を見つけるのは大事なことなんだ。

幸せへのカギも、人間になることを選んだ理由もすべてマインドのなかにある。自らの潜在能力と自らの意思の封印を解けば、スピリットの意思に沿って生きられるようになるだろう。「瞑想する時間がない」という人がよくいるが、そんなことはない。誰だって寝る前の五分～十分を使ってバランスと集中力を取り戻すことはできるはずだ。それに、毎日知らず知らずのうちに自然な瞑想パターンを取り入れている人が結構いる。瞑想というのは、マインドに平穏とバランスをもたらす一連のエクササイズだ。ウォーキング、ランニング、歌、ダンス、絵を描くこと、文章を書くこと、テレビを見ること、ゲームをすること、写真を撮ることといった活動は、すべてある種の瞑想になっている。伝統的な瞑想法とは違うけど、座禅をしたり身体をねじって苦しいポーズを取ったりすることと同じ効果がある。もちろん個人差があるから、自分に何が合っているかを試し、見つけなくてはならない。君がもしまだ見つけてないなら、今すぐ始めるのがいい。やり方について悩む必要なんてない。ただ始めるんだ。すでに瞑想を日常に取り入れている人も、試してごらん。今の瞑想法を補うものが何か見つかるかもしれない。

この世界はスピリットに感覚を与え、表現する機会を与えてくれる

スピリットは人間としてさまざまな体験をするためにこの生を選んだ。興味深いことに、ありとあらゆる体験をスピリットが求めている。スピリットが肉体を選ぶ理由や方法についいては決まったパターンはないが、だからといって人生に意味がないわけではない。カオスと偶発性は人間の仕組みの一部だからだ。

人間の脳は人生を順序立ててプロセスするようにできている。直線的時間、論理、理

性、感情、行動、反応といった具合にだ。ぼくらは人生における「悪い」ことを避けるべきものとして見るよう条件づけられている。確かにそれも一理あるが、ときに「悪い」出来事が教訓をもたらしてくれることもあるので、完全に避けるべきものではない。

脳は「単純な」事柄を複雑にする傾向があり、そのせいで身体はストレスを受けることになる。頭のてっぺんからつま先まで、全身が麻痺していたとしよう。意識はあるのに、感覚がなく、感覚がないのに、感情はある。肉体に転生する前のスピリットはまさにこの状態だ。すべてを意識しているのに、それを表現する手段がない。この世界はそんなスピリットに感覚を体験し、表現する機会を提供してくれる。それがスピリットがここにいる目的だ。山も谷も経験し、笑って、泣いて、愛して、憎んで、そうして肉体が死を迎える頃、スピリットは進化している。

他人を守るために自分の命を投げ出す人の話を聞いたことがあるだろう？　そういう人々には目的がある。偶発性や悪がなければ、彼らのような人間の存在意義はなくなってしまう。世界平和に一番近いのは、人と人が共存しているときだ。自分と他者をともに生かすことができれば、争いはすべて終焉を迎えるだろう。争いにも目的はあるが、そのよい面を受け入れるのは難しいし、ぼくらを縛りつけている考え方を手放すのも難しい。それが絶対的真実だと思い込んでいる場合は特にそうだ。

幸福になるための三つの秘訣

幸福になるための秘訣は思っているより簡単だ。まずは、自分が判断されてもいいと思わないかぎり、他人を判断しないこと。次に、もし誰かを判断してしまったのなら、そこから学んで先へ進むこと。三つ目は、対立に直面したときは、幸せになることを選ぶか、自分が正しいと思うことを選ぶか、その二者択一にすること。自分の正しさを実証したいなら、信念をもって進むのがいい。ただし、そこには挑戦が待ち受けていることを覚悟して臨むべきだ。

誰かの言葉を鵜呑みにする時代は終わった。変化はたった一人から始まる

人間は他者がいてこそ生きていくことができる。意見の相違を理由に争う必要なんてあるのかな？　地球で起きる戦争や対立には、だいたい二つの理由が考えられると思う

んだ。一つは、誰かの生き方やポリシーに賛同できなくて、自分が優位に立ちたいがために相手を支配したいと思う場合。二つ目は、土地であれ肩書きであれ持ち物であれ、他者が持っているものを手に入れたいと思う場合。

「国民を守るために戦う」という言葉があるけど、その考えは幻想だ。戦争は、暴君や弾圧から自由を勝ち取るための手段ではなくて、国家の指導者が宇宙の法則を破り、人々の意識を下げるための格好の言い訳に過ぎない。

問題を解決して国民を守りたいなら、戦争以外の方法がいくらでもある。人を殺してはいけないと学校では教えられるのに、国家の指導者が神の名のもとに開戦して殺戮をおこなうのを見せられるなんて、おかしくないか？　国によっては若い時分に軍隊に徴兵されるという現実もある。人間は神の名のもとに他者を殺してはいけない。地球を見守る神々にしたって、そんなところで自分の名前を挙げられても、ちっとも嬉しくなんかないはずだ。

統合こそが平和な社会へのカギだ。たとえ相手と意見が違ったとしても、争点そのものにネガティヴな執着がなければ、平和の第一段階は達成される。つまり、「同意しないことに同意する」ということ。それができれば状況はマシになるだろう。

憎しみと嫉妬の幻想を今すぐやめようじゃないか。一斉にやめることができないなら、一人ひとりが最初の一歩を踏み出すしかない。アメリカでは大統領候補者へのネガティヴな意見があまりに多いが、文句を言っても投票に行くのだから、問題解決の一端を担うどころか加担することが起きている。候補者に不満があれば選挙に行かなければいい。「もう我慢できない」という誰かのひと言があって、はじめて変化が起きるんだ。権力に飢えた人間が、自分や周りの人々の運命を変えていくのを黙って見過ごしてはいけない。

一般人は、数の上でいえば権力者に勝っている。公僕であることを、権力者に思い出させた方がいい。国民を守るはずの人間が、保身のために嘘をつくのをただ怯えて見ている必要はない。羊のように従順に生きる時代は終わったし、誰かの言葉を鵜呑みにする時代は終わったんだ。変化はたった一人の人間から始まる。それを信じられなければ、せっかくの自由意志を他者に明け渡すことになる。

宗教も、恐怖を使って人を狭い枠に閉じ込めようとする点で同じだ。信じなければ灼熱地獄で朽ち果てる！　と脅かす宗教まであるのだから驚きだ。これは神やスピリットのやり方じゃない。世界が今ある状態なのは、「我こそが最高の指導者だ」という権力を渇望する人間の主張を傍観したからだ。過去に学べることはごまんとあるのに、それでもいまだ人間は無意味な戦争を続けている。天然資源を過剰に消費しながら、他人にはそんなことしちゃだめだと諭しても、行動の伴わない言葉には何の力もない。

人間は些細な事柄を大事《おおごと》にする傾向があるが、「あの人が一番だ」というのはもうやめよう。自分をよく見せるために他人を洗脳し、嘘を信じ込ませるのはもうやめよう。信じる信じないはぼくら一人ひとりが決めればいいことだ。戦争に行くことを拒否すれば戦争は終わるだろう。まともではない人間を公職に就かせたくないなら、彼らに投票しなければいい。宗教が愛と平等を実践し、お手本を示すようになったら、その宗教に入ればいい。そうすれば、宗教間のいがみ合いはなくなる。

真にスピリチュアルな人間は脚光を求めない

ワンネスは、言うは易《やす》し、おこなうは難《かた》しだ。美しい言葉を並べ立てながら、他者を批判する人間は大勢いる。もはや言葉だけでは足りない時代に入った。言葉は人に感銘をもたらすが、行動はそれ以上のものをもたらす。

今まで耳にしたなかで一番の美辞麗句を思い出してほしい。その言葉を口にした人は、そのとおりを生きているかい？　それとも自分をよく見せるために発した言葉に過ぎなかったかい？　スピリチュアルな求道者は、誰が見ていようといまいと、愛と親切心で行動する。真にスピリチュアルな人は裏方に徹し、その功を認められることはめったにない。

最近のことだけど、湖で溺れた行方不明者の捜索の手伝いを頼まれた。大規模な捜索で、プロのダイバー・チームや警察、ボランティアの面々が湖をしらみつぶしに探したが、何一つ発見できなかった。それでボランティアの捜索隊の一つが、ぼくが指摘した湖のある箇所を調べることにしたんだ。五分も経たないうちに遺体が見つかった。捜索隊のリーダーは冗談めいてこう言った。「惜しいね。確かに君が言った場所の近くだったけど、六メートルずれていたよ」。翌日、引き上げ作業がおこなわれた頃、遺体はちょうどぼくが指摘した地点まで流されていたそうだ。ぼくが捜索に加わっていることはリーダーを含めて四人しか知らないことだ。ぼくの指摘については、決して新聞に載ることはないし、テレビで報じられることもない。

捜索を手伝ったのは自分を売り込むためじゃない。人に認められたり褒められたりするためでもない。ぼくはスピリットに導かれ、やるべきことをやったまでだ。そして行方不明者の家族のためにやった。ぼくが彼らに会うことはないし、もちろん感謝してもらうつもりもない。人の命はお金で買うことのできないかけがえのないものだ。裏方に徹している人間はぼく以外にも大勢いるけど、みんな私利私欲のためにマスコミに出ようなんて考えたこともない。

真にスピリチュアルな人間は脚光を求めず、誰一人見ていなくても善行をおこなう。そういう生き方なんだ。名声を得たスピリチュアリストは大勢いる。なかには謙虚な人もいるけど、たいがいはそうじゃない。君の周りを見てごらん。スピリチュアルな人は他者をおとしめたり、その本質を過小評価したりしない。ネガティヴなことを言うのは簡単だ。信じるのも簡単だ。人は悪いニュースほどすぐに反応して記憶に留めがちだから。人はいい時代にはなかなか団結しないけど、それでも互いを必要としている。そうでなかったら、ぼくらの魂は地球のドラマから遠く離れた孤立の次元を選んだと思う。

他人の意見に関係なく自分を愛せたとき、ぼくらは幸せになれる

人間はありとあらゆるドラマが好きだ。つらかったときを思い出しては、喪に服すためにキャンドルを灯す。そんなことをするくらいなら、愛する人々と過ごす時間を祝うためにキャンドルを灯してはどうだろう? おかしな話かい? だったら、素晴らしい

ことが起きたときに、寝ずの祈りをしてはどうだろう？　人類がひとつになるために、悪いことが起きるのを待つのはもうやめよう。今この瞬間に心をひとつにして、毎日が誕生日であるかのように祝おう。愛と平和を日々新たにするために、考えを異にする人同士が手をつなごう。地球に生きる人間という点において、人はみな同じ。愛と一体感を拒絶したときだけ、人生はつらいものになるんだ。

本当の幸せは、外の世界ではなく内側に存在する。物質世界は束の間、幸せを与えてくれるが、やがて失うことへの恐怖が生まれ、幸せを享受できなくなる日がやってくる。人は内面を見てはじめて、失うことの恐怖を生み出す執着から解放されるんだ。他人の意見に関係なく自分を愛せたとき、ぼくらは幸せになれる。何度も言うけど、人生は「アップダウン」の連続であり、その結果、人生に感謝するか、あるいは人生を憎むようになるかのどちらかが待ち受けている。人生を憎む方向に行って感情に溺れるのは簡単だが、それでは心が死んだも同然だ。困難な道こそが真の幸せに導いてくれる。幸せを感じるためにはまさにその対極が必要だからだ。それこそが真の挑戦といえる。

悟りへの道

思考意識には「知の意識」と「理解の意識」がある

神または本源から分離して以来ずっとぼくらは悟りを求めてきた。「すべてが一体だった」状態からバラバラに分離したものの、ぼくら一人ひとりの内側にはひとつの波動がある。その波動とは、全員がひとつだった記憶、本源やすべてなるものとつながっていた記憶だ。ここで言う本源とは、すべてが始まった場を指している。

バラバラになった神の分身たちは自己探求をすべく、人間の形態をとった、既知（すでに知っている自分）と未知（まだ見ぬ進化を遂げる自分）からなる普遍的自己のなかへと旅立った。この自己実現、あるいは自分を思い出す旅で、ぼくらは本源へと還る多種多様な道を選んだんだ。宗教的な道であろうと、哲学的な道であろうと、不可知論的な道であろうと、すべての道は神への認識をうながしてくれる。スピリチュアルな成長へと導いてくれる。このスピリチュアルな成長は、**悟り**と呼ばれることもある。

悟りとは何だろう？　悟りに至るには、何をどうすればいいのだろう？　悟り(enlightenment)とは「光明を得ること」「光明を得た状態」を指すが、それは気づきと理解を得ることでもある。気づきと理解を得るためには、マインドが光明を得た状態になる必要がある。光明を得たマインドこそが、自らの思考意識をスピリチュアルな形で自覚できるからだ。

思考意識は「知の意識」と「理解の意識」に分けることができる。この**知**は「知識」から来る言葉で、まさに知っている状態にある人間の思考意識を指している。たとえば人間は宗教的・哲学的な概念について知っている。それは一般知識といわれるものだけど、じゃあ知識を身につけたとして、本当の意味で理解しているといえるだろうか？

そこで重要になってくるのが、スピリチュアルな思考意識だ。スピリチュアルな思考意識とは、「理解」している状態を指す。宗教的・哲学的な概念を知識として知るばかりでなく、それを理解しているということだ。理解とは悟りそのものを指す。

悟ったマインドは、人間の思考意識とスピリチュアルな思考意識の両方を兼ね備えている。知と理解が**ひとつ**の思考意識を形成しているんだ。悟ったマインドは、分け隔てすることなく、本源と同じようにすべてをひとつにつなぐ。

ぼくらの旅路では、知識と理解を分けて考えることが重要だ。理解はたいてい、自分のしてきた体験や信じてきたものを振り返ったときに得られる。悟りへの道でスピリチュアルな成長を遂げるには、何を信じるかを自分で決めることが肝要になる。自分が生まれ育った文化や宗教を盲目的に信じ、教えられたことをすべて鵜呑みにする人がいるが、だからといってその人が自分の**信じていること**を理解しているとは限らない。だからこそ、何を真実として受け入れるかを自分で決めるべきだし、今まで自分がしてきた体験を理解する必要があるんだ。そうすれば、何を信じればいいか自分で選択できる。ただし、あくまでも自分が選択するのであって、他の誰かが決めることではない。

ぼくらは自由に考えることもできれば、他の誰かが決めたことを選ぶこともできる。「つまずいたとき」に他人を責めることもできれば、責任をもって「立ち上がり」、人生という忌まわしい輪に再び入る、あるいは学ぶべきことを学んだあとに新たな螺旋に入ることもできる。その体験を通じて自分の信念を見つめ、理解するという選択もあるんだ。そうして自分の信念や自分自身の理解に至れば、それは単なる信仰ではなく、万人のなかにある神との純粋なつながりを自覚する状態へと変わっていくことになる。

あらゆる思考、感覚、言葉、行動、瞬間が神

いったん意識の統合が起きて、自分の体験を理解できるようになれば、肉体にいながらにして神との一体感を体験するだろう。肉体もまた、神の目から見た別個の視点に過ぎない。神の分身もまた神なんだ。天の波動であろうと、地球の波動であろうと、神であることに変わりはない。個々の分身は、神への個々の理解を表しているんだ。

神の恩寵《グレース》あるいは神聖なエネルギーはいつだってそこにある。神はぼくらの生涯を通じて毎瞬、そこに存在している。人間はスピリチュアルな道を歩みながら、神がつねにそばにいたことを思い出す。それを呼び覚ましたいなら、スピリチュアルな旅を一般的理解に変えていくことだ。簡単にいえば、悟りを得るためにすべてを知る必要はないということだ。悟りとは神意識が目覚めることを言う。

神はこれまでさまざまな形で信仰され、いろいろな顔や名前で知られてきたが、どれもが神であることには変わりがない。キリスト教やイスラムの神、ヒンズー教の神々、エジプトやギリシャの神々、それに仏陀だって**同じひとつの神**だ。特定の宗教や文化圏の信仰が正しくて、他はすべて間違っているなんて、ばかげた話だ。こういった思考は人間の思考意識に由来している。そろそろスピリチュアルな意識を思考パターンに取

り入れるべきだ。

ぼくらはみな神から生まれ、神によって創られた。なので、宗教や文化的信条に関係なく、万人の人生に神が存在するのはちっとも不思議じゃない。神は今も昔もすべての人とともにいるし、これからだってそうだ。世界にあるさまざまな宗教を別々のものではなくひとつの集合体として見ると、それぞれの宗教がひとつの普遍的真実、普遍的信仰として神聖につながり合っているのがわかる。それが神だ。神の存在を認めない無神論者にしたって、誰かを助けたり、花の香りを嗅いだり、美しい海岸を歩いたりするなかで、何かしらの形で神を感じているはずだ。自覚があろうとなかろうと、すべてが神だからだ。人生そのものが神なんだ。それを信じなかったら、神はそばに来てくれないだろうか？　いいや。神はぼくらが気づいていてもいなくても、つねにそこにいてくれる。

神は真に無限の存在だ。無限であるがゆえに「すべてなるもの」と呼ばれる。神を「すべてなるもの」と理解した人間が特定の神を信仰するようになったのが、既存の宗教だ。神を「すべてなるもの」と理解することで、人間は、広大な神意識のありとあらゆる側面を隅々に至るまで自分なりに認識するに至った。ぼくらが生きるこの物質世界と、すべての非物質世界と、存在するすべてを。

個々の宗教にはたくさんの違いがあるが、それでも神の聖なる愛と光、真理、叡智と音という共通の教えを説く。すべての宗教の根幹にあるメッセージのつながりに気づくと、誰もが悟りへの道を歩いていると自覚するようになる。悟りへの道は、判断ではなく理解することだ。判断から自由になって悟りを得るとは、神の持つ無数の名を受け入れることでもある。神はこの宇宙のあらゆる「音」として知られる存在だ。あらゆる思考、感覚、言葉、行動、瞬間が神だ。神はすべてなるものなんだ。

宇宙のハーモニクスに細胞を再構成してもらおう

すべては本源から始まった。本源が分裂すると創造が可能になる。本源から分裂した要素は、最初の起点からは分離するが、つながりは保たれている。分離したばかりのエネルギーは独自の性質と人格と形態をとり、この新たな形態は「本源のスピリット」と呼んでもいいだろう。

本源のスピリットは自らの成長や分裂を制限しない分身なので、事前にプログラミングされた知識もまだ残っていれば、決断を実行する力も持っている。本源は無限であり、数回にわたって分裂しようがそのパワーはいまだ無限であるがゆえに、分身たちはパワフルなまま誕生できた。この分身たちが、神々、スピリット、天使、悪魔、ジン、そして人間と呼ばれている。

大天使は、守護者、庇護者、神のメッセンジャーとして、世界中の宗教で広く認められている存在だ。地球の人口が増えるにつれ宗教的視点の対立が深まり、天界の分身たちは増加を余儀なくされた。宗教ごとにそれぞれ天使や神、スピリットが配属されたのはそのためだ。地球にどんな信仰体系が生まれようと、本源の分身たちは同じ本源から分裂していった。文化や信仰によって名前や形は違えども、それぞれの分身たちは神の異なる側面を表しながらも等しく価値があるように、人類がさまざまな信仰体系を持ち神への異なる解釈や視点を持っていても、それはすべて等しく価値がある。

今日《こんにち》、個々人が神について自由に考え解釈することを推進している宗教はほとんどない。主だった宗教では、本源から直接メッセージを受け取る方法を教える代わりに、神を恐ろしい存在と教えた。世界の宗教はどれも普遍的な真理と人間的な真理の両方を含んでいるが、その多くが実に千年以上にわたって教えを改訂しつづけている。改訂のたびに、最初にあった真理が失われ歪曲されているのだから、真理は時間とともに本来のメッセージを逸脱していったといえるだろう。古代の学者でさえ、自分に降りてきた神の声を人間的な恐怖から判断し、本来のメッセージを否定した可能性だってある。そろそろ一人ひとりが内なる感覚を尊重し、この窮屈で閉鎖的な視点を打破すべきだと思わないかい？　自由に考え、存在し、外界に迫害されることなく、自分にとっての神を表現する神聖な権利を取り戻すときが来ている。

ぼくらは、神の分身であり、進化し順応していくエッセンスである聖なるスピリットを宿した存在だ。つまり人間は普遍的な真理へのカギを握っている。今こそ自分のパワーを取り戻し、年齢や人種、性別、そして宗教やスピリチュアリティの違いに関係なく、どんな自分になりたいかを決めるときだ。日々、真理を探し求めるんだ。宇宙の光に道を照らしてもらい、宇宙のハーモニクスに細胞を再構成してもらって回復しよう。スピリットとしての力を取り戻し、自由に考える力を取り戻せば、失われた理解を再び見つけることができる。マインドと肉体とスピリットを敬えば、地球上の「分身」を助けることもできる。そうすれば、現世のこの身体を維持したまま、分割された思考をはっきりと理解して完全なものにできるだろう。分離した自己でいる必要はもうない。

分離した自己は、善悪、正誤、ポジティヴ・ネガティヴという視点で物事を見る。これは人間の典型的な条件づけであり、この視点には制約的プログラムが入っている。自分に制約があると、最高次の本源とつながったとき、チャネリングするエネルギーの質を左右してしまう。

エネルギーの知覚力を上げたいとき、多くの人が何らかの活性化《アクティベーション》を受ける。これは非常にいいスタートだ。スピリチュアルな波動を物理レベルで感じることで、人は完全な自己あるいは分離していない自己がいることを理解しはじめるからだ。

完全な自己は善悪を分けて考えることはしない。その代わりに、スピリチュアルな成長に役立つものと、破壊的な思考やアンバランスをもたらすエネルギー的障害となるものを見分ける。分離した自己をもっと理解したいなら、自分の体験を客観的視点から見つめるのがいい。つまり、感情にいろいろなレッテルをつけて分類しないことだ。

人間のありとあらゆる感情を同時に感じるとしたら、どんな感覚がするか想像してみてごらん。そんなことができたら、感情に優劣なんてつけたりしないと思わないかい？　そんなに単純な話かって？　思考を分類することは、神を分類することであり、感情を分類することは、神を分類することだ。感情を分類するただ一つの目的は、それを理解することなんだ。理解は叡智につながる。もし脳が感情を分類するそもそもの理由を理解すれば、再び普遍的マインドにつながり、脳は完全なものになるだろう。

悟りを開いた人間は、あえて感情を分けて体験する。そうすると、人生を肉体面、感情面、スピリチュアルな面から理解することができる。ふだん自分が物事を個々にどう分類しているかに気づけば、分離をはずして再び一体《ひとつ》になれるだろう。

他人を判断するとき、そこには恐怖と不安がある

結晶体のエネルギーでは、個々のエネルギー同士をつなげる要素は、固体、液体または気体としての幾何学的・霊的設計図を持つ。この地球上のエネルギーはすべて、この三つの形態のどれか一つ以上に共振する。そこでは、自分がどのエネルギーに共振したいかよく見極めるのが大事になる。類は友を呼ぶという法則があるからだ。だいたいにおいて、類似したエネルギーには「対極のエネルギー」も含まれている。矛盾して聞こえるかもしれないけど、ここには独自の理論がある。たとえばAという人間がいたとする。Aは不正直さを怖れているので完全に正直な人生を送るが、この場合、不正直な人間を引き寄せる確率が非常に高い。一方、Bは根っから自分に正直なので正直な人生を送り、自分と同じ正直な人間を周りに引き寄せる。

判断するのは、自分がした体験をまだ完全には理解していないからだ。判断を下すとき、分離していない包括的な思考や感情は、個々のネガティヴな感情に凌駕されている。

それではいつまで経っても人間的視点から抜け出せず、普遍的マインドの視点を忘れている状態だ。そうして再びエネルギーの分断が起きてしまう。

分断が悪いのではない。ただ、このまま分断を続けるなら、統合のエネルギーも取り入れる必要があるということだ。人間は生来、統合よりも分断する傾向の方が強いが、バランスを取ることも大切だ。それから、平和を生み出す分断と、混沌《カオス》を生み出す分断があることも理解してほしい。

分離は、この地球上で人間が生存し進化するうえで必要不可欠なものだ。すべての生命体と同様に、人間の身体も細胞分裂によって形成される。受胎後、ぼくらは母親の胎内で母体とひとつになって成長する。生まれて四歳くらいまでは純粋な状態で過ごし、そのあと曇りなきスピリチュアルな洞察力を与えてくれるエネルギーが切り離される。

クリスタル・チルドレンの場合は、この分離はめったに起きない。エネルギーを完全に自覚することはなくても、通常、ある程度の感知能力を持っている。ぼくらのようなクリスタル・インディゴ・チルドレンの場合は、この分離が起きる。そうすると、往々にして本来のヒーリング能力が抑圧されてしまう。しかし、絶望することなかれ。一度分離したものは、再びもとの本源につながるものなんだ。

本源につながるには、エネルギー的なアクティベーションや瞑想などを通して、エネルギーに対する基本的な理解と敏感さを培うのがいい。ここではマインドを曇りのないクリアな状態にすることが肝心だ。じゃあ、どうやってそこに達するのか？　言うは易《やす》し、おこなうは難《かた》し。実際はどうだろう？

曇りのないマインドを得るには、**自由な思考**でいながら、**思考から自由**になることだ。これが実践できれば、静寂の音あるいは生命の音「**オーム**」の存在に気づき、感謝するようになる。

一日中、思考に埋没したまま生きることもできるが、一日のなかのほんの一瞬、思考から自由になることもできる。思考から自由になるとは、あるがままの自分に心を開くことだ。もし誰かに判断されると思ったら、きっと判断されるだろう。でも、自分らしさを大切にし、他人もしくは自分に判断されるのを怖れなければ、たとえ他人や自分に判断されても、感情の引き金を引かれることはないし、感情的痛みに陥ることなく、日常生活のなかでより平穏をつくり出せるだろう。他人への判断は通常、本人の恐怖や不安から来ている。それに気づけば心のバランスは取れるものなんだ。

学びの持つ波動を統合できれば、輪廻は螺旋に変わる

どれほど偉大な悟りの師も、人間であることには変わりがない。真の意味で人に奉仕ができるようになるまでには、実にさまざまな体験を要する。誰もが生きるうえで苦痛を味わうものだし、自分が苦痛を体験しないかぎりは苦痛も理解できないからだ。「過去」と呼ばれる人生の一部分にのみに気を取られていると、ちゃんと理解するために何度でも同じ学びがやってくる。家族や友人や同僚との間で同じ学びを繰り返すのはそのためだ。同じ学びを繰り返させている思考を手放さないかぎり、その学びは永遠に続く。輪廻という言葉はそこから来ている。ここでいう「輪」は、理解されない学びを指す。これらの思考を手放し、その学びの持つ波動をバランスの取れた形で自分に統合できれば、輪廻の輪は螺旋へと変わるだろう。

分離した自己は自己不信に陥っている。自己不信は、炭素ベースの存在が成長する可能性を制限してしまう。自己不信がある場合とない場合を比べてみると、自己不信のない方が、本来の能力やエネルギーが素早くクリアに流れる。宇宙のメッセージを受け取るのは神聖かつピュアな体験だ。自信に満ちているときに宇宙につながると、完全なつながりが達成される。

　人間として生を享けた者は、誰しも神とクリアなつながりを持って生まれてくる。子どもが見えない友達と話すのはどうしてだと思う？　それは単に空想の産物だろうか？　それとも本源との純粋なつながりゆえに天使が見えて話せるのだろうか？　ハイアーセルフとの関わりは、家族や友人、先生、社会、文化、宗教といった環境に強く影響を受ける。でも、神とのつながりに気づき、そのつながりを強化するかどうかは、ひとえにぼくらにかかっている。代わりにやれる人なんていない。そのための道具《ツール》をもらうことはできても、ぼくらは実際に自分でそれを使い、理解するしかない。だから人はいまだ自由な思考を持たず、宗教や社会や古い思い込みに縛られているんだ。そろそろ自分の内面に問いかけ、自分が日々している選択の理由を理解しはじめてもいい頃だ。それを始めれば、今という時代に自分がどうして生きているのか、人生の目的であるレッスンを通して何を学ぼうとしているのかを問いかけることになるだろう。

「汝《なんじ》自身を知れ」

　内面の真実にもっと近づきたければ、まず自分を知る必要がある。「汝《なんじ》自身を知れ」

ということだ（これは何世紀も前からある格言だけど、べつだん秘密が隠されているわけじゃない）。人生は、**マインド、肉体《ボディ》、スピリットから成る自分自身**から始まる。人間の次なる進化の段階へようこそ。

変容についてはいろいろな見方があり、今までの世界観が覆されるような劇的な体験ととらえている人もいれば、自分を永遠に変えてくれる体験が足もとに落ちてくるのを期待し、じっと待っている人もいる。また、本源《ソース》をよいものとしてとらえているために、変容も素晴らしい体験に違いないと信じて疑わない人もいる。変容は、今この瞬間において心の平穏を生み出すとともに、体内に流れるすべてのエネルギーのバランスを取ってくれる無限の可能性として見ることができる。

一人で自分と向き合う時間を持ちながらエネルギー形態を感知する練習をすれば、無理のない自然な形で悟りへと向かうことができる。もちろん楽な道のりではない。ここでもし障害物を判断してネガティヴなものとして見てしまうと、些細な問題を大事《おおごと》にしてしまう怖れがあるが、そうする代わりに、自分が何を学び、何を思い出そうとしているかを自覚して理解したなら、すべてはよりシンプルになるだろう。

誰もが自分の人生のバランスを取って変容させる力を持って生まれてきている。この世界は宗教的・文化的な差異によって分断され、真理の認識も歪曲されてしまったがために、地球全土で本物の真理が隠されてしまった。でもそのおかげで、自己成長やスピリチュアルな知識を制約しない教えに出会い、各人のスピリチュアルな真理を再発見するという機会が与えられている。

V

地球で生きる奇跡 2

ぼくらが日々やっていくこと

トリガーを制する者は、真のバランスを制す

地球で身につけたパターンを見破れ

ぼくらは思考をポジティヴで均衡のとれた内省へと変えるためにこの人生、この瞬間を生きている。この物質的現実でバランスを取るためには、自分の感情や物事の見方を検証しなくちゃいけない。過去の記憶が今の認識に影響を与えていることだってある。

感情を癒したいなら、自分の根底にある問題を理解することだ。腹が立っているとき、

悲しいとき、不安なとき、落ち込んでいるときはつい他人を責めがちで、客観的な自己観察も決して容易なことではない。でも、希望を失うことなかれ。日々自分を見つめ、エネルギーワークを知っている人ならそれを実践すれば、エネルギーを送ったり、受け取ったり、感知したり、バランスを取ったりする能力が確実にアップする。

今この瞬間、怒りがあるなら、その理由を自分に問いかけるのがいい。嫌な気分にさせているものは何？　ネガティヴな感情が湧いてくるのはどうしてだろう？　しごく簡単な答えを言うなら、子ども時代や思春期、成人期に身につけたプログラムのせいで、生きとし生けるもののすべてを凝り固まった視点から見ているためだ。ぼくらは両親だけでなく、同級生や学校教育、社会、文化からもパターンを植えつけられている。それはもはや幾層にもなり、一度身につけたパターンを破るのは心底、困難だ。だからこそ、ふだんの自分の行動や反応をよく把握して、どうしてそうするのかを理解する必要がある。

猛烈に頭に来ているとき、自分が何に対してそんなに頭に来ているか、自覚しているかい？　それとも、自分に痛みをもたらす対象に気を取られているだけかい？　自分を知りたいなら、感情の核心に迫って、自分の行動や反応の本当の原因を理解することが肝心だ。そして、自分がどういったときに感情を揺さぶられるのか、その「トリガー（引き金)」を突き止めるんだ。引き金が引かれる理由がわかれば、どんな学びにも光を当てられる。トリガーを理解することは、自分を知ることにつながる。

トリガーとは、特定の反応が誘発される瞬間のことをいう。それは自分の過去や今という瞬間を見つめるよううながし、自己成長に一役買ってくれる。どうしてかって？　人はすべての瞬間に生まれ、再生し、気づきを得、そして自己の死を迎えるからだ。自己の死は、新たな自分の誕生をもたらす。それは真の自己へと生まれ変わることでもある。

トリガーはさまざまな形をとるが、思考や感情といった状態で表れることが多い。ぼくらの発する言葉は思考と感情につながっている。つまり思考と感情は、言葉を生み出す母であり父であるということだ。

トリガーはハイアーセルフからの赤信号

トリガーは内面に均衡をもたらし、平穏を呼び覚ます架け橋になる。完全な自分になるには、まず不完全な自分を体験しないといけない。何事も、対極なくしては感じられないからだ。

トリガーを自覚すると、自分の体験を理解しやすくなる。特定の状況で特定の反応や行動が出るのは、そこにトリガーがあるからだ。トリガーは「原因」、それに対する反応が「結果」ということ。トリガーはハイアーセルフからの「赤信号」なんだ。「そういう反応をする理由を見つけなさい！　今、学びが来ているのだから、今、検証して理解しないと、次回はもっと大変な学びになります！　どうか判断しないで、どうか批判もしないで、自分と淡々と向き合い、学んで理解しなさい」。それが自分を無条件に愛するということ。自分のポジティヴな面もネガティヴな面も受け入れたうえで、すべてを丸ごと愛するんだ。

誰もが成長の可能性を秘めている。成長するには、自分と向き合い、学びに向き合うしかない。特定の出来事や状況に引き金を引かれることがなくなれば、そのレッスンを学べたといえる。もうちょっと丁寧に言うと、「レッスンを思い出し、本来の自分と地球でやるべきことを思い出した」ということだ。それによって自己が拡大し、スピリチュアルな成長を遂げられる。

人間はどんなことでも乗り越えられる強さを持っている。その強さは、過去や現在での体験と学び、そして未来に起こりうる学びから来ている。体験とそれに伴う理解こそが、ぼくらの知恵になる。だからこの地球で成長するためには体験が不可欠なんだ。

ぼくらはこの人生で遭遇するどんな出来事よりも強くパワフルにできている。ネガティヴとされるどんな体験も乗り越えられる力がある。せっかく自分で呼び寄せたのだから、自分がネガティヴというレッテルを貼って判断したものこそ、あえて自ら体験し、理解すべきだ。ポジティヴだけでなく「ネガティヴ」な面も体験したいと思ったのは、まさに自分なんだ。ぼくらは人生が与えうるすべてを体験しに来ている。ポジティヴもネガティヴも含めて丸ごとだ。

ぼくらは、自分がつくり出した現実によって強くなる。ネガティヴな体験はネガティヴな創造物であり、ポジティヴな体験はポジティヴな創造物だが、両方の周波数を融合すると互いに相殺されて完全になる。それが黒と白の関係であり、光と闇の関係だ。一方の周波数を理解しないと、もう一方を理解することはない。そしてすべては同じ本源から生まれた。ぼくらは創造者であり、自分のものはすべて自分の創造物と言える。

トリガーにどう反応するかは、いつだって自分で選んでいる

外界のトリガーは、内面のトリガーでもある。外界の刺激が内面の反応を引き起こし、

外界への反応を表出する。外界にトリガーや刺激を感じるのは、それを同時に内面でも感じているからだ。五感はすべて内的感覚として広がり、外界へと広がっていく。内面で感じているからこそ、外界にトリガーを感じられる。人間の核は内面にあるんだ。自分のスピリチュアルな部分とつながりたいなら、内的感覚が肝心ということだ。

すべては最初に生み出された場所へと戻ってくる。まったく同じ状態で戻ってくるという意味ではなく、単にすべてはもとの起源に還るという意味だ。体験はあくまでも一つの選択なので、外界でネガティヴな体験をしたからといって、なにも内面までネガティヴな体験をしなくちゃいけない理由はない。そこから何を感じたいかは自分の選択次第だ。しかし人間は特定の形でトリガーに反応したがる。それがぼくらの選択なんだ。

いつだって自分で選んでいる。トリガーにどう反応するかも、いつ学びを検証し、理解し、取り入れるかも、全部自分で選んでいる。それがぼくらの人生だ。他人の体験は他人のものだし、自分の体験は自分のもの。外界の体験を内面で体験すれば、自分のものになる。言い換えると、ある状況に感情的に反応したのなら、それは当人がトリガーされることを許し、自分の体験にしたということだ。

どうしてぼくらは内面あるいは外界の状況に対して、一定の思考やフィーリングで反応するのだろう？　思考はどんな内面の感覚を引き出している？　その感覚からどんなフィーリングが生み出されている？

トリガーを理解することは、自分を理解する助けになる。ぼくらは自分の選択をコントロールできる。人間はフィーリングに基づいて反応し行動するが、それも自分の選択だ。いつだってそうだったんだ。そしてそれはもっといいものを選べるということでもある。

いったん自分のトリガーを理解し、その原因を突き止めることができれば、自分のエネルギーも理解できるようになる。自分のエネルギーの流れを理解し、かつ、トリガーとなる状況下でのエネルギーの流れの仕組みがわかれば、学びと呼ばれる障害物も乗り越えられる。そうすれば、スピリチュアルな面でも、肉体面でも、精神面、感情面、エネルギー面でも、成長できるようになる。

人間はエネルギーとは切っても切れない関係にある。エネルギーを理解するには、自分のエネルギーとその仕組みを理解しなくちゃいけない。これは優れたヒーラーあるいはヒーラーの卵なら、みんなやる必要のあることだ。でも、偉大なヒーラーになるつもりがなくても、日々、成長し前進するためには、自分を知り、自分のエネルギーを知るのは大事なことだ。そこにある意図や理由が何であれ、自分の体験を理解し、引き金が引かれる理由がわかれば、どんな状況下であってもそこに光を当てられる。その体験をシンプルに人生と呼ぶ人もいる。

いったんバランスが取れれば、混沌のなかでも維持できる

トリガーにもネガティヴなものとポジティヴなものがある。人間の知性は、ポジティヴなトリガーに関しては認識して承認するが、ネガティヴなトリガーやネガティヴな視点に関しては、見たがらないし承認したがらない。それでもトリガーにはポジティヴとネガティヴの両方が存在する。前にも言ったけど、片方だけでは成立しないんだ。一方を体験しないことには、周波数の違いもわからない。一方を体験することが、もう一方の認識につながるということだ。

ぼくらはポジティヴな思考とフィーリングを認識できるようにプログラミングされている。ポジティヴなトリガーを認識すると、五感が開いてスムーズに流れ出し、思考とフィーリングのエネルギーを難なく理解できるようになる。他方、ネガティヴなトリガーは五感をブロックして目の前のものに抵抗を生み出し、判断や反応を生み出す。このとき抵抗を判断しないで、大切な学びとして再評価できれば、ネガティヴなトリガー

は承認され、バランスの取れた状態を模索できる。つまり、あらゆる視点から物事を見れるようになる。

ぼくの理解からすれば、瞑想やマントラ、エネルギーワークに邁進したところで、絶対的な心の平穏を手に入れることはできない。ただし、心の平穏に向かう手助けにはなる。真のバランスをもたらすのは、自分に対する理解と、成長と進化だ。バランスが内なる平和をもたらす。それはスピリットのバランスから来るもので、いったんバランスが取れれば、混沌のなかであろうとバランスを維持することは可能だ。

トリガーは普遍的なものだ。他の普遍的な事象と同じように、この宇宙の構造、中核、土台に組み込まれている。だから、トリガーも含めて、物事からネガティヴとポジティヴな側面を削除したり排除したりはできない。ネガティヴとポジティヴは共存関係にあって、この二つの現実は、人を普遍的悟りに導くために同時に存在しているんだ。

トリガーは未解決な問題を教えてくれる

神を知りたいなら、他の神や他の宗教的視点を含めて、神の全側面を知る必要がある。

本源とつながっているか切り離されているかにかかわらず、それも全体の一部、つまり、かつてすべてだったものの欠片だからだ。本源には今も**ひとつ**だったとき、分かたれていなかったときの記憶があり、それは人間にしても同じだ。自分のさまざまな欠片をつなぎ合わせることは、神を知ることでもある。それは自分を**ひとつ**の全体へと再びつなぎ合わせる行為にほかならない。

自分で検証したり理解したりすることなくただ体験を流す代わりに、体験から学ぼう。それが自分にとって何を意味するかを検証しよう。そうすれば気づきが起きて、知恵が得られ、この創造世界での自分の役割を理解できる。怒り、悲しみ、心配、罪悪感といったネガティヴ・トリガーと、喜び、愛、平和、幸福感といったポジティヴ・トリガーが共存し合っていることに気づけるかどうかは君次第だ。

二重の二元性とは、二元性のなかの二元性のことを意味している。たとえば、善意からした行為が、相手の反応から出た行為によって最悪の事態を招いたとする。口論が起きたのは行為のせいだと思われがちだが、実際にトリガーになったのは、二人の間にあった未解決な問題のせいだ。過去の出来事が今に影響しているから、相手が反応した。

内面で感情的反応が起きると、他人はそれを映す鏡になってくれる。感情的反応は心の奥にある不和を解消してくれる。トリガーがどこにあるかを教え、自分が見つめ、検証し、理解すべき未解決の問題を教えてくれるんだ。

人生を変えたいなら、脳のバランスを取って、マインドを律すること

感情のバランスを取りたければ、脳のごく単純な機能を理解しておくことが大いに役に立つ。ポジティヴであれネガティヴであれ、思考は感情に何らかの影響を与える。感情は思考によって引き出される。思考は「原因」で、感情はその「結果」だ。思考は、人を癒し育むこともあれば、ひどく害を与えることもある。思考が感情に振り回されるかどうかは、自分次第だ。

ある状況に対して怒り狂うこともできるし、悲しんでうつ状態になることもできる。その際、思考に影響を受けるかどうか、受けるとしたらどこまで受けるかを自分で選べる。影響されないことを選べば、感情的反応も起きないし、あれこれ思い悩むこともない。

他人や状況について休むことなくいつも考え、そのたびに心を乱しているようなら、その人は思考に振り回され、それが害になっている可能性がある。そうなると、破壊的

思考パターンに陥る可能性がきわめて高い。破壊的な思考パターンは潜在意識レベルで起きることが多いので、他人に指摘されるまで気づけないケースも多い。そうならないためにも、意識的になることが大切だ。思考を意識しはじめると、マインドを律し、バランスの取れたマインドへの道を開くことになる。

思考は自己認識と現実認識の両方に直接関係している。人生を変えたいとき、新たな現実をつくりたいときは、自分が望むエネルギーと思考を一致させるのが肝心だ。思考は、欲しいものを手に入れる助けにもなれば、ブレーキにもなるからだ。

人生を変えるには思考のバランスを取る必要がある。思考のバランスを取るためには、マインドを律する必要がある。思考を観察し、思考の大本《おおもと》が見えれば、今までのパターンを破って自分を変えられるだろう。マインドを律するには、意識的になるだけでなく、理解することも重要になってくる。だからこそ、思考が現実をつくる様子を実地観察し、思考がいかに成長と拡大を助けているかを同時に理解するべきなんだ。

大事なポイントをもう一度伝えよう

ここで大事なことをもう一度繰り返そう。バランスこそが自己認識と自己拡大のカギになる。スピリチュアルな成長を遂げたいなら、ポジティヴとネガティヴの両方をバランスよく理解する必要がある。すべての周波数は同じ本源から来ているんだ。マインドを律するには脳のバランスを取る必要があり、脳のバランスを取るにはマインドを律する必要がある。この二つは相互関係にあり、どちらが欠けても成り立たない。よって、もしマインドを制御できていないなら、その理由を見たうえで、マインドを律する方法を探すべきだ。

学校では、頭を使うように教えられる。いい成績を取るためには、習ったことをすべて暗記しなければならない。頭のいい人間は学校や社会で評価され、尊敬される。学校で「一番、頭のいい人間」は各種奨学金を手に入れられる。そうした学校の勉強の仕方は論理ベースにあり、つねに実証を必要とする。でも、教科書を暗記して古い教えに従ったからといって、自由で偉大な考えを持てるというものではない。論理一辺倒のやり方は非常に男性的で、感じるという女性的側面をおざなりにしている。人類は何百年もの間、脳の論理的側面だけを発達させてきた結果、アンバランスな状態をつくり出してしまった。そろそろ脳のバランスを取り、見えない世界を扱う女性的教えを取り入れるべきじゃないかな。論理を捨てるのではない。両方の世界観を取り入れて、二つの周波数のバランスを取るんだ。そのためには、より意識的になってマインドを律する必要がある。

マインドを律すれば、幼い頃に親や学校や社会から植えつけられた思考パターンを壊すことができる。そうすれば、今までと違う思考を選択して、脳のバランスを取ることができるだろう。思考の影響力を理解できれば、肉体のバランスだけでなく、マインドとスピリットのバランスを保つ方法もわかる。すべては互いに作用し合っているのだから。

高い波動を保つための五つの原則

エネルギーを使ってバランスを取る方法はたくさんある。マインドと肉体とスピリットの各部分は互いにつながっているので、一つバランスが取れれば、全体に影響を与えることができる。ここでは肉体と脳の関係を見ていこう。自分のエネルギーを強化してバランスを取り、高い波動を保つための原則を五つ紹介する。

1　どんな思考であれ、大なり小なりこの物理世界で具現化している
2　自分が持っていないものを欲しがると、欲しくないものが手に入る
3　知識はパワーに等しく、叡智は理解に等しい
4　何かが気に入らないとき、それを体験したうえでの判断かどうかを、自分に問いかけてみる。ネガティヴな判断をしていれば理解が欠如しているし、ポジティヴな判断をしていれば体験に基づいた理解がそこにある
5　思考はアクション（行動）に等しく、感情はリアクション（反応）に等しい

自分を理解したいなら、この五つの原則を理解しておくことだ。誰もが感情的な反応を引き起こすトリガーを持っている。自分のトリガーを知り、トリガーが存在する理由を知っておくことはきわめて重要だ。いろいろな形の苦痛を理解するには、判断せずに客観的視点を持つのがいい。トリガーを検証するときも、特定の視点にこだわるのではなく、あらゆる角度や視点から検証してほしい。判断しなければ、一瞬一瞬の体験のなかに、人生の美しさと普遍の真理を見て取るだろう。

カウンター・トリガーは人生に大いなるバランスをもたらす

自分の感情的トリガーがわかったら、次の仕事はカウンター・トリガー（逆トリガー）をつくることだ。カウンター・トリガーとは、新しい感情的反応を生み出す「言葉」のことをいう。このプロセスは、人生に大いなるバランスをもたらし、悟りの方向へと君を導いてくれる。

カウンター・トリガーを見つけるには、自分の好きなものや、すでに持っているもの、幸せをもたらすものを明確にすることだ。もし幸せな体験が思い出せないなら、よかったと思うことを一つ、二つ挙げるだけでいい。人生をどれほど否定的な目で見ていたとしても、何かしら感謝すべき点はあるだろう？　なかなか思い浮かばなくても、あきらめないでほしい。悟りを急かしたからといって、そのぶん早くたどり着けるものでもない。正直になろう。なにより、心に浮かんできたものを判断しないでもらいたい。特にトリガーに関してはそうだ。

誰かを責めると、自分の成長をも止めてしまう。障害を乗り越えたいなら、どんな理由があるにせよ、人のせいにしちゃだめだ。嫌なことが起きたとき、誰かを責めた方がよっぽど簡単なのはわかる。苦しさのあまり責めることもあれば、自分を悪い人間だと思いたくなくて責めることもある。自分自身を見つめるより、他人の非を探す方が簡単だからだ。痛みが大きすぎるあまり、痛みの向こう側にあるものを見たがらない人もいる。内面の怖れや不安を見るより、他人を判断して責める方がずっと簡単だからだ。美しいはずがないと教えられたものに美を見出すよりも、誰かに腹を立てる方がよっぽど簡単なんだ。

真のバランスとは、ポジティヴとネガティヴを超えたところにある

人体はネガティヴとポジティヴのすべての側面を包含している。ある体験や状況によってネガティヴな気持ちになるとアンバランスを感じ、別の体験や状況によってポジティヴな気持ちになるとバランスを感じる。どちらも人間の体験の一部として体感しているだけなのに、どうしてこんなに違いがあるのだろう？

一方にアンバランスを感じ、もう一方にバランスを感じるのはなぜだ？　二つの状態が共存しているのはどうしてなんだ？　もしかして、真のバランスとは、バランスとアンバランスを合わせたものではないか？　つまり、ポジティヴのみではなく、ネガティ

ヴとポジティヴの両方を理解したうえでのバランスを意味しているのではないか？

ポジティヴな体験とポジティヴなフィーリングのみにバランスを感じ、ネガティヴな体験とネガティヴなフィーリングに違和感を覚えるのはなぜだろう？　ポジティヴだけで本当にバランスが取れているのなら、ネガティヴだけであってもそのバランスを保持できるはずだ。そうならないのはどうしてだろう？

理由はこうだ。ポジティヴだけでは真のバランスとは言えないからなんだ。真のバランスとは、ポジティヴとネガティヴの両方の周波数を含み、その両方を理解することにある。ポジティヴとネガティヴを理解したうえで真の均衡状態にあれば、仮に混沌とした状況にあっても、バランスを保てるはずだ。

ネガティヴとポジティヴは対極の関係にある。対極にありながら、補完し合っている。もっと深く見ていくと、その二つはエネルギー的な鏡になっている。今この瞬間に体験している思考や感情を、互いに映し返しているんだ。両方がこの宇宙に存在しているから、それぞれの面を完全に理解できる。そこに映し返されたものを見れば、ぼくらがみなひとつであり、明らかにこの「本源」と呼ばれるエネルギーの網の目のなかでつながっていることがわかるだろう。

ポジティヴあるいはネガティヴな体験をすると、ポジティヴな体験の方が心に残る。

これは今の世界や社会がバランスに対してアンバランスな認識を持っているからだ。真にバランスの取れた人間は、ネガティヴもポジティヴも同じように受けとめるものだ。

たとえば、この社会では苦いものを味わったあとの方が甘いものがよりおいしく感じられる。しかしここに判断が入ると、一方が他方よりも優れていると思ってしまう。よりよい理解を得るには、両方を体験することだ。よいことが起きているとわかるには、その前にどれくらい悪かったか、あるいは悪くなる可能性があったかを知る必要がある。その逆もしかりだ。現実におけるこの態度は、感謝を生み出す。ネガティヴとポジティヴの両方がなければ、ぼくらは人生で与えられたものに感謝できない。

ポジティヴな側面だけを体験するために生きるなら、もう一方の周波数はないがしろにされ、人生を半分しか生きられないことになるだろう。ぼくがネガティヴを愛しているということではない。その両方を受け入れようと言っているんだ。そうすることではじめて、ぼくらは人生をフルに生きることができ、気づきと知恵が深まっていく。この状態こそが**愛**なんだ。制約や条件を設けないとき、愛は無条件なものになる。無条件の愛は一切の判断をしない。すべては同じ本源から生まれ、かつてはひとつだったからだ。愛こそがすべてだ。愛のなかで自覚と理解が生まれ、ひいてはそれがバランスの取れた状態、すなわち**真の自己**へと近づけてくれる。

人生は感情と思考によるユニークな作品

バランスの取れた状態に至るには、まずアンバランスな状態を味わわなくてはならない。アンバランスを通じて、バランスを生み出すんだ。ここでバランスを生み出すとバランスそのものになるという表現を見てみよう。ともに自分でつくり出す状態を表している。そして、ともにアンバランスの状態からスタートしていることを示している。何かを生み出す、何かになるとは軌道を変えることを意味している。人間は「体験」を直線的な時空に入れるので、人間が生み出したものも同じ過程をたどることになる。これを画家が作品を描く過程にたとえるのもいいだろう。

画家は真っ白なキャンバスを手に取り、何色かの色を使って絵を完成させていくが、これは直線的・連続的なプロセスといえる。人生で何かを生み出したり完成させたりするときも同じだ。ぼくらはみな、人生というキャンバスに絵を描く画家であり、何色を選び、どの筆を選ぶかで、目にする現実の絵が決まる。これを日常生活に当てはめれば、感情（色）と思考（絵筆）を選ぶことで、望む瞬間をつくり出している。

ぼくらがつくり出すものはすべて美しく、ぼくらの直接の産物だということを忘れないでほしい。一人ひとりがユニークな存在なんだ。その個性を通じて、ぼくらは誰も見たことがない風景を描き出すことができる。

ネガティヴなものであろうとポジティヴなものであろうと、ぼくらがつくり出したものは、自分のみならず、周りの環境や宇宙に大きな影響を与える。最初に影響を受けるのは自分だ。ある体験をした結果、自分がどう感じるかがそれ以降の体験に多大な影響を与える。もちろん、自分がそれを許せばの話だが。現実や物事をどう感じるかは、自分が持っている思考と感情によって決まる。思考は、現実の認識に影響を与える。君は君自身が考えるものになり、君自身が感じるものになる。

すべては今起きている。この瞬間のすべての思考とフィーリングが、周りの環境や現実に影響を与えている。思考やフィーリングは単なるエネルギーであり、結局のところ、すべてがエネルギーであるために、思考とフィーリングはあらゆるものに影響を及ぼすことができるんだ。とりわけ自分の人生への影響は大きい。

エネルギーは必ず他のエネルギーに影響を与えるが、それがどういう影響を及ぼすかは、エネルギーが流れた原因とその流れ方による。エネルギーの種類と放出の仕方が結果を決めるということだ。

エネルギーは転移するという性質を持っている。振動する原子あるいは分子が他の粒子に触れると、エネルギーの交換または転移が起きる。思考や感情が人生に影響を与え、ひいてはぼくらのいる宇宙に影響を与えるのはそのためだ。思考やフィーリングは内面で生まれ、外に向かう流れに乗って、周りの現実や環境に影響を与える。思考やフィーリングが周りの環境に放出されていくということだ。

たとえば怒っているとき、その怒りは周りの人にも感じられ、もしかしたら居心地悪く感じる人が出てくるかもしれない。あるいは、自分の怒りだと勘違いして腹を立て、苛立ちを感じる人もいるだろう。それは全部、エネルギーの転移によるものだ。楽しいときも一緒だ。楽しい気分が影響して、周りにいる人も一日気分がよくなり、さらにそれが他の人々にも広がっていく。

エネルギーの転移はつねに起きている。そして宇宙に放出したものは、必ず返ってくる。それは同じエネルギーに感じられるかもしれないけど、実際は別のエネルギー源から反射されるので、違うものだ。他の人と交流しながら発した思考や感情は、角度は違っても必ず自分に返ってくるということだ。

集合意識のレベルでいえば、疑い、怒り、判断、どん欲といった恐怖のエネルギーを発信する人が多いほど、周囲の環境は同じ恐怖を反映する。それは世界にまん延する戦争や人種差別、文化や宗教による人々の分断といった昨今の世界情勢にも見て取れる。

ぼくらはみな、人間として共通のものを持つ。それなのに、皮膚の色や生まれた場所、信念体系の違い、宗教的分離が恐怖を生み出し、それが今日の世界をつくった。海だって人間の発するエネルギーを反映している。今は大陸と大陸が海によって分断されているが、古代、大陸はひとつだったし、海もひとつだった。

この世界は人間のエネルギーや思考、心の状態を反映しているだけだ。人間は忘れてしまったけど、ぼくらはみな、宇宙の本源の子どもで、それが今こうして一緒に生きている。人生で体験することが直接、周りの世界に影響を与えているというよりも、エネルギーと周波数の性質上、つねに転移が起きているということだ。エネルギーの転移は周りの環境に何らかの影響を与え、それが連鎖反応を呼び起こす。内面の恐怖や心配、不安のバランスを取ることができれば、周りの環境のバランスを取ることができるんだ。

悟りとは、意識的になった魂のこと

自分にパワーがあることを思い出してほしい。ぼくらはパワフルな存在だ。自分のために変化を生み出す力を持っているし、周りの人や宇宙に影響を与える力だって持っている。人類は、さまざまな体験や周囲を取り巻く宇宙を集合的につくり出している。自分が変わり、変容するたびに、自他が成長する機会をつくっている。もっと意識的に選択しよう。人生を変えるには、もっと意識的になって、今この瞬間の人生を理解すべきだ。

悟りとは光明を得たマインドを指すが、光明を得たマインドとは何かといえば、意識的になった魂のことだ。意識的であれば、どんなトリガーであろうと、自分のなかに成長と拡大の余地を見せてくれる指標になる。自己を意識した魂は、トリガーを認識して速やかにバランスを取り、目の前の状況を乗り越えていく。トリガーにはあくまでも認証的な反応を示すのみで、そこに判断や批判の余地はない。その状態に達すれば、マインドが光明を得たと表現できるだろう。

自分が誰であるかを自覚できれば、より高次の理解に至って光明を得ることができる。自分に気づいて理解するという簡単なツールを使えば、今この瞬間を意識的に創造する者として、どんなことでも達成できること請け合いだ。

偉大な役者、音楽家、画家、作家、医者、スポーツ選手になるには、鍛錬が必要だ。スポーツ選手は筋肉に負荷をかけることで肉体を鍛えるが、スピリチュアルな身体にしても原理は同じで、成長のためには何らかの負荷または苦痛を必要とする。

　ぼくらは人生経験を通して成長していく。スピリットを強化するには何らかの苦痛が必要だ。自分の体験への理解を通して痛みをひとたびマスターすれば、二つの周波数のバランスが取れてヒーリングが起き、結果、以前よりも強くなれる。

　もし自分の体験を理解できなかったら、さらに深い痛みの形態へと退行していくだろう。ときには、ヒーリングやバランスを取ることを試みた最初の地点よりもさらに深い痛みを感じるかもしれない。ネガティヴなエネルギーが増せば増すほど、他人に責任を転嫁したくなるし、学びもいっそう強烈になって返ってくるだろう。

　与えられた学びには、一つひとつ向き合っていくことが大切だ。エネルギーワークのエクササイズが重要なのはそのためだ。鍛錬することでより意識的になれて、自分自身つまり自己のスピリットへの理解が深まることが起きる。

　エネルギーワークのやり方には言及しない。エネルギーワークに制限を課したくないし、こういうふうにやるべきだとコントロールしたくもない。エネルギーワークって、そういうものじゃない。一人ひとりに個人差があり、エネルギーの感じ方も違う。エクササイズや人生の学びには必ず理由と目的があるんだ。それは**自己を拡大すること。**ぼくらが地球に生まれた共通の理由は、自己の拡大にある。

苦痛を体験しないで賢くなれる人は一人もいない

多くの人が日々、苦痛を体験している。苦痛に抵抗すると、さらなる苦痛を生み出す。そして目の前の苦痛を理解しようとしなければ、理解するまで何度でも同じ苦痛のパターンを繰り返すことになる。人生の苦痛を体験しないで賢くなれる人は一人もいない。頭でいくらわかっても、実際に体験するまでは真に理解したことにならない。残念ながら、傍観しているだけでは完全な理解とは言えない。

真の叡智は体験を通して得られるものだ。知識を持っているだけで何かに精通しているなんて言えないだろう？　体験の真意、すなわち叡智を自分のものにしたいなら理解するしかない。たとえば本を一冊読んで、それを丸ごと暗記したとしよう。一字一句記憶したとして、そこに書いてある知識を理解したといえるかい？　人間は実体験を通して完全な理解に至る存在だ。これが宇宙の叡智であり、人生を豊かにするカギだ。エネルギーのアチューンメントが重要なのはそのためだ。エネルギーのアクティベーションを受けると、人はエネルギーを実体験し、その体験が理解へとつながる。自分にエネルギーワークをすると、自分自身を体験する。自分を感じ、自分のエネルギーを感じるほどに、自分を大切に思い、自分の価値を認めやすくなる。

今のスピリチュアル界には、さまざまなヒーリング手法が互いに競い合っている現状がある。手の位置を重視する先生もいれば、古い教えと今の教えを混在するべきではないと主張する先生もいる。優秀なヒーラーでさえも、エゴにとらわれ、どのヒーリング周波数もすべて等しいことを受け入れられずにいる。ヒーリング手法のパワーは、それがヒーラーにとって何を意味するかで決まってくるものだ。どんなにパワフルな教えであっても、ヒーラーのエゴではエネルギーをコントロールすることはできない。

有史以前からヒーラーは地球にいたが、そのなかで名を残したのは、怖れにとらわれず、社会的迫害をも辞さずに、現実の本質を発見してきた者たちだった。彼らは自分を信じ、どんな状況であろうと耐え抜く強さを持っていた。それに比べて、今はなんて楽な時代だろう。もちろん今だってエネルギーヒーリングを否定する人はごまんといる。とりわけスピリチュアルヒーリングは、存在を否定する証拠がないというのに、実在する科学的証拠もないと主張して議論の対象になりつづけている。

今の時代、スピリチュアルな迫害を受けて命を落とすのを怖れることはない。見えないものを怖れる必要はなくて、この世界を制約のない目で見ればいいだけの話だ。それができるまであと何回か生まれ変わることになろうとも、感謝しよう。どのみちぼくらはそれを体験するためにここに来たのだから。心地よいものだけじゃなく、ポジティヴ、ネガティヴと称されるものを含めたすべてを体験しに来たんだ。繰り返しになるけど、嫌な体験があるからこそ、よいと感じられる体験がある。ネガティヴはポジティヴについて教えてくれる。逆もしかりだ。

人はいつでも聖域のなかにいる

聖なる空間と言われてまず思い浮かぶのは、神殿や瞑想用の特別な部屋だ。心が休まる海岸を思い浮かべる人もいるだろう。実は、地球上のどんなパワースポットにも勝る、とっておきの聖域がある。人はいつどこにいても、この聖域のなかにいる。その聖域とは、自分自身、つまり肉体のことだ。だから、自分を愛し、大切にすることが重要なんだ。

怖れから自分を判断しないことも大切だ。怖れは、アセンションに至るペースを遅らせる。自分や他者への批判、それからプログラムに条件づけられたままよい体験だけを受け入れ明暗を含む人生の全体験を理解しようとしない傾向も、アセンションに至るペースを遅らせる。そのすべてが怖れに分類されるんだ。

怖れから極端な行動に出たりしちゃだめだ。代わりに、マインドと肉体とスピリットの均衡を図るためのポジティヴな一歩を踏み出すんだ。この人生で肉体は一つしかないのだから、物質的、精神的、エネルギー的に摂取するものには気をつける必要がある。食べ物や液体はもちろんのこと、ストレス、心配、不安、怖れにも気をつけなくてはいけない。

現実は思考や口にした言葉によってつくられるので、自分が話す言葉も慎重に選ぶべきだ。たとえば、**グラウンディング**してエネルギーのバランスを取ることの重要性を説く先生が大勢いる。この言葉の意味を検証してみようか。英語で「グラウンディングさせる」とは、子どもに罰を与えることを意味する。悪いことをした子どもが友達と外で遊ぶことを禁じられ、楽しい活動を制約されるという意味だ。それ以外に「飛行禁止」という意味もあり、グラウンディングされたパイロットは飛行活動を制約される。いずれも罰や制約といったネガティヴな意味合いがあるのに、それが今では地球に根ざしてバランスを取るという意味で使われるようになった。

グランディングという言葉は、肉体のバランスを崩す波動を持っているんだ。すでにアンバランスな波動を持ちながら、それを使ってバランスを取るという芸当は果たして可能だろうか？　代わりに、「物質的現実に注意を向ける」と言い換えるなら、内なるバランスを取ることができる。人類は新たな時代に突入し、地球の伝統的な手法のなかには有効性を失ったものがあるということだ。ぼくらは地球の意識が大きく変化したことを忘れがちだが、これからは古代の予言者に頼ることなく、自分で真実を見極めたうえで、変化していく地球に適応していくしかない。

自己を拡大し、意味ある人生を生きるには、バランスが肝心

バランスにはいろいろな形があるが、たいていの場合、これ以上ないくらい予想外の形を取ることが多い。

ぼくにとってのバランスとは、肉体、マインド、スピリットのバランスを指す。ぼくにとっての神が何かをわかっているし、神聖なる宇宙エネルギーがいつもそばにいることを知っている。すべてのエネルギーは似通っているが、みな同じというわけではなく、そこには個性と対等性がある。

ぼくは神のあらゆる面を尊敬してやまない。いちばんに敬遠されている「闇」の側面

も含めてだ。光が欠如している場所に、神の恩寵の光を照らそう。それが「あがない」へと至る道だ。ぼくのたどった道は決して平坦ではなかったが、言ってみれば、どの道もそうなんだ。

他者が内なるバランスを取り、平穏を抱く手伝いをするには、自分自身を拡大するしかない。誰もが自分を拡大するためにここにいる。マインドと肉体とスピリットを拡大するには、自分の思考と感情に気づき、トリガーを理解するんだ。そしてマインドと肉体とスピリットのバランスを取る。この三つのバランスが取れていれば、世界や他者をバランスの取れた視点から見ることができるだろう。それはまさに、すべてを判断しないまま見わたす「全能の目」になることを示している。

自己を拡大させ、意味ある人生を生きるには、バランスが肝心だ。それには自分を検証し、自分の体験を理解しなければならない。たとえカオスのさなか、いかなる状況下にいようとも、バランスの取れた状態にあること。それが人生の試練であり、ハイアーセルフの試練だ。だからこそトリガーを理解し、トリガーが誘発される理由を知る必要がある。トリガーを安定させるという人生の学びに取り組むかどうかは、ぼくら一人ひとりにかかっている。バランスが取れれば真の自己に気づき、宇宙の真理に近づけるだろう。

本源とつながる

有史以来、多くの存在がチャネリングを通して本源とつながってきた

有史以来、人類は来《きた》るべき未来の出来事を予言してきた。こうした予言は神の言葉としてチャネリングされることもあれば、地球上のそれぞれの文化圏のチャネリング方法で伝えられることもある。神や天使、宇宙人などの高次の存在の言葉は、地球のありとあらゆる場所でチャネリングされてきた。チャネリングとは、神や高い波動の存在、または何らかのエネルギー的存在が人間を介して交流する一つの形態だ。多くのグルやシャーマン、師、マスターたちがチャネリングを通して本源と交信してきたんだ。

チャネリングでは、特定のエネルギー源に意識をつなげ、そのエネルギー源または波動に含まれる情報を受け取る。大事なのは、チャネリングする存在の波動をよく感じ、

自分がどの存在とつながっているかをよく見極めることだ。どんなスピリットだって、キリストを名乗れる。本当にキリストかどうかを確かめたいなら、その存在の波動を**感じる**のがいい。スピリチュアルな成長にはエネルギーを感じることが不可欠だ。

いろいろなエネルギー形態を感じる練習をしていくと、自己理解も深まるし、ヒーリング能力やチャネリング能力、それから直感力もアップしていく。波動をちゃんと体験したいなら、音を使うことだ。音はいろいろな周波数を感じ分けるのに役立つ。個々の音程《トーン》の周波数の違いがわかれば、自分のチャネリングする存在の波動を感じられるようになる。音は心の琴線に触れ、ぼくらにもっと感じるようにとうながしてくるだろう。そして周囲の環境やこの広大な宇宙、さらにぼくら自身について教えてくれる。ただし、それに耳を貸す準備ができていればの話だけど。

天使や神、あるいは神々が人間の前に現れ、聖なるメッセージを伝えたという話は世界中の文献に見て取ることができる。大天使ガブリエルはマリアとヨゼフの前に姿を現し、救世主の誕生を告げた。ヴィシュヌ神はヴァスデヴァとデヴァキの前に現れ、神の化身のクリシュナの誕生を告げた。ラーやホルス、イシスなどのエジプトの神々は、神聖なるスピリットやピラミッドの教えを人間に伝えた。これは神がチャネリングと呼ばれる聖なる形で人間と交流した歴史のほんの一部だ。人類は何世紀もの間、チャネリングを通して神と直接コミュニケーションしてきたんだ。

神はぼくらのなかに宿り、発見されるときを待っている

チャネリングの秘密は失われたのではなく、単に忘れられただけだ。悟りを目指す多くの人が、チャネラーやミディアムになる方法を問いかける。チャネラーやミディアムになった気分を味わうために、スピリチュアルなセミナーに通い、ヒーリングを受け、アクティベーションを受ける人もいる。そうしたセミナーやアクティベーションで受けるエネルギーは、単に潜在意識の引き金を引くためのものだ。「チャネリングの秘密は失われたのではなく忘れられただけ」と言ったのはこのためだ。何度も言うけど、「すべてなるもの」は一人ひとりのなかにいる。すべては顕在意識と潜在意識のなかにあるんだ。

神はぼくらのなかに宿り、神なる資質や能力のすべてが発見されるのを今か今かと待っている。外界を見ているだけでは神を知ることはできない。内側を見てはじめて出会える。「神を知ることは、己を知ることだ」というが、己を知るためには、内面を知

る必要がある。外界は、その瞬間における内面の状態を映す鏡に過ぎないものだから、自分を見つめ、内面のいろいろな部分を理解すれば、いつだって変わりうる（あるいはバランスが取れる）ものなんだ。

各部分のバランスが取れれば、外界はその変化を多種多様な形で反映するだろう。神を知ったからといってまったく違う人間になる必要はない。「よりよい」人間になる必要もない。ハイアーセルフ、または真我になればいいだけの話だ。

真我とは人間の核たる部分、あるいはスピリットを意味する。真我になったとき、ぼくらは神との交流方法を思い出す。それは日常会話となんら変わらない直接のコミュニケーションだ。唯一の違いは、スピリットを通してコミュニケーションしている点だろう。スピリットを通してコミュニケーションするとき、ぼくらは直接、本源《ソース》をチャネリングしている。

人間の身体はエネルギーの完璧な送受信機だ。エネルギーは永遠にして無限であり、神やすべてなるものを包含しているが、人間はそのエネルギーを思考や感情、音、映像、周波数という形で認識する。無限のエネルギーに意識を集中すると何らかの感覚が生まれるが、このエネルギー的感覚は脳によって調整されている。つまり、何をどう認識するかは脳が決めているということだ。

人間は内的な感覚と外的な感覚の両方を持ち合わせ、さまざまな媒体を通してエネルギーを身体の内外で感じている。その媒体の一つに「音」がある。音は内的感覚と外的感覚の両方を生み出す。感情を呼び起こすと同時に、身体が感知する外的感覚も生み出す場合がある。誰かと口論していると、相手の声音によって感情のバランスが崩れることがある。独り言でもそうなるし、内面の思考の音によっても同じことが起きる。何かに反応して激昂していると、内面の声であれ、実際に自分が口にした言葉であれ、その音によって感情のバランスが崩れるんだ。だからこそ、自分が何に反応しているかを検証し、感情の引き金が引かれた原因を知る必要がある。

超感覚を使った五つのチャネリング法

チャネリングでは、入ってきた情報やエネルギーを判断することなしに、ニュートラルな意識状態を保つことが大切だ。入ってきた情報やエネルギーにいちいち反応しているようでは、純粋なチャネリングとは言えない。そこには一部の真実が含まれているかもしれないが、ほんの一部にしか過ぎない。より多くの情報を含む高い波動のチャネリングをしたいなら、一切判断してはならない。自分を理解し、自分のトリガーを理解しておくのはそのためでもある。

人間の身体は神の無限のエネルギーをチャネリングできるようにできている。もしそうしたいなら、自分の肉体を理解し、自分の感情的な反応を理解し、自分の物の見方を理解しておく必要がある。こういったことをすべて考慮したうえでチャネリングし、なおかつ判断のないニュートラルな状態を保つことができれば、より高い真実の波動をチャネリングできるだろう。そこには宇宙の真実や神の真実を含む波動とエネルギーが含まれている。

すべてが神なら、いったい神のどの側面をチャネリングしているのだろう？　ここでサイキックやミディアム、直感能力者が使う個々のチャネリング法について話そう。それは超感覚とも呼ばれるスピリチュアルあるいはサイキックな感覚を使ったエネルギーを感知する方法だ。サイキックな感覚には主に五種類あり、それぞれ人間の五感（視覚、聴覚、触覚、嗅覚、味覚）に対応している。

クレヤボヤンス（透視）

まず、クレヤボヤンス。これはフランス語で「クリアな視覚」を意味する。クレヤボヤンスの能力を持つ人間は、ビジョンや映像化されたメッセージを通してチャネリングする。第三の目あるいは心の目を使ってメッセージを「見る」。ビジョンは、起きているときや睡眠中、深いトランス状態やチャネリング状態にあるときに入ってくる。宇宙は無限であり、神の手に届く範囲には限りがないように、クレヤボヤンスの能力者は、無限のビジョンやメッセージを受け取る。訓練によって入ってくる情報を制御できる者もいれば、まったくできない者もいる。

クレアオーディエンス（透聴）

次は、フランス語で「クリアな聴覚」を意味するクレアオーディエンス。この能力を持つ人間は、言葉などの周波数を通してメッセージをチャネリングする。頭のなかの会話や言葉、フレーズとして聞こえることもあれば、波動的存在が発する外界の音として聞こえる場合もある。クレアオーディエンスの能力者は、天使、大天使、神々、アセンデッドマスターを含む無数の存在と話ができる。でも、前にも言ったけど、どんな霊であれキリストを名乗れることを考えれば、その名のとおりの存在かどうかは波動を感じて確かめるしかない。つまり、クレアオーディエンスを使ってチャネリングするときは、聞くだけでなく感じることも大切だってこと。そうすれば、神の真実の欠片を含んだエネルギーの情報を受け取れる。

クレアセンティエンス

三つ目は、クレアセンティエンス。フランス語で「クリアに感じる」ことを意味する。この能力を持つ人間は、エンパス（共感能力者）でもあり、思考や感情、過去の出来事や体験、人間や存在《エンティティ》の波動といったあらゆるエネルギーの周波数を感じることができる。

クリアアリエンス

四つ目は、フランス語で「クリアな嗅覚」を意味するクレアアリエンス。この能力のある人間は、スピリットなどのエネルギーの匂いを感じ取ることができる。たとえば亡くなった人がそばに来たとき、その人が好きだった花の香りや生前よく吸っていたタバコの匂いを感じたりするのは、故人がクリアアリエンスを通じて自らの存在を知らせ、大事なことを思い出させようとしている。

クレアガスタンス

五つ目は、クレアガスタンス。フランス語で「クリアな味覚」を意味し、実際には口に何も入っていないのに味わえる感覚を指す。この能力を持つ人間は、味覚を通してエネルギーを読み取ることができる。たとえば、ある種の存在や霊が近くにいると、口のなかで硫黄の味を感じたりする。

この五つのいずれかのチャネリング法を使えば、エネルギーの周波数を読むことができる。物はもちろんのこと瞬間もエネルギーであり、何かしらのエネルギー的周波数を持っているので、波長を合わせれば、その波動や周波数を感じることができる。自覚のあるなしにかかわらず、これは万人に与えられた能力であり、それを「オンにする」か、つまり眠っている能力を目覚めさせるかどうかは本人次第だ。自分が誰であるかを内面で知り、ハイアーセルフや神とつながれば、こうした能力は目覚めていく。

チャネリングは呼吸と同じくらいナチュラルな能力

チャネラーになるには、誰もが持つ直感やヒーリング能力を認めるところから第一歩が始まる。すべての人間にスピリチュアな能力があり、それは本人の意識や文化的背景およびび家系に由来するごく自然なものだ。チャネリングは、呼吸と同じくらい自然で当たり前の能力だというのに、人間はこれまでの歴史を通じて、チャネリングは普通ではないことと刷り込まれてきた。でも、普通であることは、実は普通ではない。普通《ノーマル》という言葉は、その時代の大衆の信念にそぐわない考えを示唆する。チャネリングが普通とはかけ離れた常軌を逸したものとして見られるのはそのためだ。

　人間の真のあり方は、**ナチュラル**（自然）でいることだ。スピリットのエネルギーはただ**在る**だけで、ぼくらの肉体は、細胞から原子、陽子、中性子に至るまでつねに運動または振動している。「在る」という言葉は、運動や活動状態を表している。ぼくらのエネルギーも含めて、すべてのエネルギーがただ在るだけだ。だから、他のエネルギーと自然につながることが起きて、チャネリングができる。

　チャネリングは自然な現象であり、本源とつながってチャネリングすることは、人間にとって当たり前の行為だ。それは神との自然なつながりを表す、生まれながらの権利といえる。誰もがチャネリングをした経験がある。過去を振り返ってごらん。本源をチャネリングしていたと思える瞬間があるはずだ。直感も同じだ。そのとき人は、この瞬間、あるいは未来や過去について、ある種の感覚や予感をチャネリングしている。直感は誰にでも備わる一種のチャネリング能力だ。

それ以外にも、たくさんの人が日々いろいろな形でチャネリングしている。音楽家が曲をつくったり、芸術家が絵を描いたり、作家が本を書いたりするときがそうだ。チャネリングしながら、人は自分のスピリットや他のエネルギー存在のメッセージをこの物理次元に降ろしている。突然、舞い降りてくるひらめきもそうだ。それは神やハイアーセルフあるいは他のエネルギー存在が伝える、スピリットの中心部からのメッセージと見ることができる。

チャネリングしているエネルギーの周波数次第だが、神のメッセージや真実のメッセージを無限にチャネリングすることもできる。神は無限の存在だからだ。誰もがこうしたエネルギー源につながる力を持っている。でも、自分の肉体的、精神的、霊的能力を理解し、チャネリング体験を理解できるかどうかは本人次第だ。

人にはそれぞれ個性があり、異なる体験をしているので、一人ひとりが直接、自分のスピリチュアルな能力に取り組み、磨き、その能力を使っているときに自覚できるようになる必要がある。ぼくらはみなその時々に必要な学びに、まさにその瞬間、取り組んでいる。自分がとうの昔に学んだレッスンを今相手が取り組んでいるからといって、そのことで相手を判断してはいけない。人はそれぞれ今、自分がいる場所から始める必要があるんだ。

人間はこの無限の宇宙のありとあらゆる部分からメッセージを受け取っている。でも、チャネリングなどのスピリチュアルな能力を目覚めさせ、バランスのよい状態でそうしたメッセージを知覚できるかどうかは、ひとえに自分にかかっている。メッセージを最初から全部理解できるとは限らないが、練習を積めば誰でもできるようになる。真の理解を得るには、判断しないで、偏見のない目で見ることだ。すべては自分を理解するところから始まる。「汝自身を知れ」ということだ。あらゆる思考、あらゆる感情、あらゆる感覚は神だ。あらゆる現象は神だ。神はすべてであり、神はただ在るだけなんだ。

自分自身に取り組んで眠っている能力を目覚めさせることができれば、スピリットが拡大する。まずは内面から始め、そこから外に向かっていくことが大切だ。そうすれば無限に拡大する機会が開ける。商業ベースに乗っているヒーリングやサイキック能力開発法のなかには、ある種の概念や考え方を提示したうえで教えるというものがある。これは外側から内面に働きかける手法だが、外側から内側に向かう動きは往々にしてエネルギーを内側に押し込め、感情やエネルギーをさらに抑圧する結果に陥りかねない。まずはあるがままの自分の状態からスタートしよう。そこから外に向かうのがいい。そうすれば自由で拡大したエネルギーの流れが生まれ、スピリチュアルな成長ができる。

神はポジティヴとネガティヴを分けて認識しない

人間は、「すべてなるもの」を分離してバラバラにしてしまう。神がポジティヴのみからなる存在だと思うのは、人間の文化的習慣に過ぎないものだ。この宇宙が神によって創られたなら、神はポジティヴのみの存在であるわけがない。神は、光と闇、黒と白、善と悪を包含したすべてなるものだ。でも、ぼくらは人間的な認識のせいでそのことに気づかない。神は闇からすべてを創造したと聖書にも書いてある。神はポジティヴとネガティヴを分けて認識しない。どちらも同じ本源から分かれた対極同士だ。もし神がポジティヴなものしか創造しなかったとしたら、この世にネガティヴな出来事や事故があるのはどうしてだろう？　神と関係ないものなら、神や天使がとっくに止めているはずだと思わないかい？

もしかしたらネガティヴは、ポジティヴを発見するために必要な道かもしれない。一方を知らなければもう一方を知ることはできないし、もし一方しか存在しないなら、波動の違いもわからない。地球の極にしても同じだ。北極と南極が存在しなければ、北がどちらで南がどちらかもわからない。

人生にはいいときもあれば悪いときもある、とよく言われるのはどうしてだろう？　それは「ネガティヴ」あるいは「ポジティヴ」と自分が判断した過去の体験を日々、思い出しているからだ。人は日常生活のなかで両方の波動を思い起こすが、ことネガティヴな波動に関しては神のものだと思わない。なぜだろう？　すべての人間は神の似姿に創られた神の分身だ。その自分が光と闇を持ち、その明暗を日々体験しているなら、ポジティヴ・ネガティヴをひっくるめて神といえるのではないか？　その理由を悟れるかどうかは自分次第だ。人は簡単に光を受け入れるのに対して、闇を怖がる傾向にある。それはそれで構わない。それが人間というものだろう？

誰もが自分なりの恐怖を抱えている。もし過去の体験を理解して恐怖を変容できれば、ポジティヴとネガティヴのバランスが取れるだろう。スピリチュアルな成長と拡大へのカギは、二つの周波数を理解することだし、そのためにぼくらはいろいろな体験をしているのだから。判断しないことを覚えれば、人生をニュートラルな視点から検証できて、理解できるようになる。

ネガティヴとはポジティヴを相殺する周波数に過ぎない

科学によれば、ニュートラル（中立）にはポジティヴとネガティヴの両方の周波数が含まれているという。ニュートラルな状態に達するには、二つの電荷または周波数が互いを打ち消し合う必要があり、それが唯一の方法だ。ニュートラルとはポジティヴでもネガティヴでもなく、二つが共存している状態であり、その視点から見れば、全体像が把握できてより完全な真実が見える。

ニュートラルになれば、自分の人生を判断しないで検証し、より大きな真理の視点から学びを理解できる。批判や判断なしに完全にレッスンを理解してそれを自分のスピリットに取り入れられれば、学びの叡智が明らかになり、その結果、スピリットの波動を上げることができる。

ニュートラルは、ポジティヴとネガティヴの両方の周波数を理解している。神も両方の周波数を持っているのに、人間の恐怖や思い込みがそうではないと信じるに至ったに過ぎない。学びを理解し、叡智を手にするには、体験するしかない。それには周波数を互いに引き合うもの、あるいは反発し合うものに変えるしかない。学びを卒業するかしないかは自分次第だが、もし卒業したいなら、対極の電荷（ポジティヴあるいはネガティヴ）を理解して、取り入れることだ。そうすれば均衡が取れてニュートラルな状態になり、学びも消える。そうやって自分のなかで極を変え、波動を変えていくんだ。

神はポジティヴとネガティヴの両方を兼ね備えているのに、ぼくらの人間的な認識と判断がそれを否定していると、今、説明した。人間はネガティヴを特定の状態と勘違いしているが、神にしてみればネガティヴはポジティヴを相殺する周波数に過ぎない。人間はネガティヴを悲劇や恐ろしい出来事と結びつけるが、現実においては、負《ネガティヴ》の周波数の科学的側面に目を向けるべきだ。

本源をチャネリングし、最高次の真理の波動を持つ純粋なエネルギーの情報を受け取るには、ニュートラルな状態が必要になる。そうでないと部分的な真実しか得られず、情報の一部に曇りが出てきてしまう。ぼくはこれを「フィルターのかかった情報」と呼んでいる。残りの情報もそこにあるのに、明瞭に受け取ることができていない状態のことだ。

ニュートラルな状態になって完全な真実を受け取れるかどうかは、自分次第だ。神がネガティヴな体験を与えたなら、そこに神聖な目的があることを信じて、判断をやめるべきだ。そうすれば何かしらを受け取ることができる。準備ができて、バランスが取れていれば、想像を超えたものを受け取ることだってできる。

神は決して判断しない。人間だけが判断する。神は無条件に愛する。ここでいう無条件とは、文字どおり、一切の条件も制約もない状態を言っている。神はポジティヴ、ネガティヴを含めてすべてを愛している。本源をチャネリングしたいなら、一切の判断を手放して、理解ある状態になる必要がある。そうすれば最も高い波動がもたらす情報を受け取れるだろう。神は全能にしてすべてを愛している。神の道を歩むかどうかは、ひとえに自分にかかっているんだ。

ぼくらは神の似姿に創造された

ぼくらは神の似姿に創造された。だから分離と分断をやめて、神のようにすべてをひとつに統合しよう。神はポジティヴとネガティヴを分けて考えたりしない。神は自らの体験を判断しないで、すべてに神聖なる計画があることを理解している。神は一なるもの、すべてなるものであるがゆえに、物事を統合に向かわせていく。スピリチュアルな意味だけでなく文字どおりの意味でも、人間は神の似姿に創造されている。神のイメージまたは似姿にはいろいろ特性があり、天使の元型《アーキタイプ》を通して称されることもある。たとえば、大天使たちは神の目、神の声、神のハート、神の光、神の叡智を表現しているといわれる。こうした神の特性は人体の構造にも当てはまるんだ。

神の似姿〈目〉

肉眼は、生命を通してぼくらがつくり出したものを見るために、第三の目は、自分と神のスピリットを見るためにある

一人ひとりが神の似姿として聖なる視覚を与えられている。この力は肉眼にも宿っているし、第三の目または心の目、神の目にも宿っている。肉眼は、人間が個人レベルあるいは集団レベルでつくり出した顕現物を知覚する道具だが、文字どおり、自分たちがつくり出したものを目の当たりにするために与えられたものだ。盲目であることを選んで視覚の欠如に伴う特定のレッスンを選ぶ人もいるが、たいていの人間は自分がつくり出したものをこの目で見ることができる。それに対して、第三の目は、神の目を通して世界を見るための霊的な目であり、全能の目といえる。物質世界の価値観を超えたスピリチュアルな領域を見るために与えられたものだ。つまり、肉眼は、ぼくらに与えられた生命を通してつくり出したものを見るためにあり、第三の目は、自分と神のスピリットを見るためにある。

神の似姿〈声〉

声は周囲の世界とコミュニケーションを取るため、喉のチャクラは神と会話をするためにある

神の似姿として人間に与えられたもう一つの特性として、声と喉《のど》のチャクラがある。ぼくらは声を使って周囲の世界とコミュニケーションを取り、喉のチャクラを使ってハイアーセルフおよび神と会話をする。肉声も霊的な声も、神の言葉を語るための管であり、声を発するという聖なる能力は、神のメッセージを伝えるための大切な道具なんだ。

じゃあ、神の言葉やメッセージって何？　神が無限の「すべてなるもの」なら、すべての言葉、すべてのメッセージもまた神のものだ。すべては知覚されたり発見されたりする前に、神によって創造されたのだから。

宇宙創世以前は、すべてがひとつの本源だった。本源は無限のエネルギーだ。神または本源が分裂したとき、意識も分裂し、それとともに神の言葉やメッセージも分裂した。すべては欠片となったが、そのなかでただ一つ、他の欠片を凌駕するエネルギー的な波動を持った言葉があった。「I Am」だ。

誰もが、神の真理と意識の一部である自分の真実を語れるようにと、言葉を話す能力を与えられている。神の無限の真理はあらゆる文化圏で語られ、この無限の宇宙のすべ

ての多世界で語られている。ぼくらが語る言葉はすべて、神だ。単に、一人ひとりが神の違う側面、つまり違う波動を表しているだけだ。

光と闇、ポジティヴとネガティヴを含めて自分のすべてを丸ごと受けとめ理解するほどに、波動は上がっていくだろう。学びを取り入れ、バランスを取るにつれ、人は豊かな叡智を得ていく。怖れや判断抜きで、内なる世界に入っていく気持ちがあれば、誰もが神の高次の真理について話せるようになる。しかし、怖れのせいで、ほとんどの人がそれを実行できずにいる。人間には光と闇がつきものだが、今こそその事実を受け入れ、自分を受けとめて、無条件に自分を愛そうじゃないか。

神の似姿〈マインドとクラウンチャクラ〉

マインドは肉体を維持して機能させる道具、クラウンチャクラは神の叡智を受け取る導管

神の似姿としての人間には、もう一つ重要な特性がある。マインドと頭頂のクラウンチャクラだ。そこは神の思考やメッセージを受け取る器になっている。マインドは肉体を維持して機能させる道具であり、クラウンチャクラは神の聖なる思考やメッセージをチャネリングし、神の叡智を受け取るための透明な導管だ。すべては神なので、ぼくらの持つ思考もすべて神だ。思考は基本的にポジティヴでもネガティヴでもなく、ただ在、

るだけのもの。何かに対する認識であり、判断であり、解釈。思考は思考でしかない。

徐々に教え込まれた信念によって、ぼくらは何かを考えるたびに自動反応が起き、結果、何らかの感情が誘発される。古代人は人間的意識レベルから自由になり、潜在意識すなわち覚醒した神の状態とつながるために、瞑想を教えた。

何度も繰り返すけど、思考やフィーリングは、ポジティヴでもネガティヴでもなく、単にぼくらが生み出し感じることができる神の側面だ。もし感情のバランスを崩す思考が浮かんできたら、その思考を批判する代わりに、神のどの側面をチャネリングしているかを自分に問うといい。思考を判断しても何の役にも立たない。役に立つのは、その思考のエネルギーがどこから来て、ぼくらの身体のどこにあるかをしっかり見極めることだ。

「あなたは神のチャネルだ」といわれても、真理として受け入れがたいと思う人がいるみたいだ。でも信じようが信じまいが、それが神の普遍的真理なんだ。みんなが「神聖なる自己」の似姿に創られた。真の自己あるいはスピリットを発見するために、神の霊的能力のすべてを授けられた。神の似姿に創られているということは、この無限の宇宙のどこに行こうとも、必ずスピリットを見つけ、スピリットとつながることができるということだ。

自分との日常会話が現実を決める

このように人間の身体には、神のスピリチュアルな側面を表す部分が点在している。直感やサイキックの能力、ヒーリング能力が宿っている。これは万人に授けられたスピリチュアルな能力のほんの一部に過ぎなくて、実際のところ、身体の各部にこうした能力が宿っている。なんたって、人間は神の似姿なのだから。

そうした能力を開花させるには、悟りの扉をくぐる必要がある。それはマインドを開くための扉だ。マインドこそが悟りのカギだ。悟り（enlightenment）とは「光明を得たマインド」を意味するとすでに伝えた。悟りを得るにはまずマインドの状態を認め、自分の反応を認めなければいけない。すべての反応がマインドの反応に起因している。マインドが反応状態にあるとき、それは他者とのコミュニケーションだけでなく、自分自身や周りの環境、それから神とのコミュニケーションにも影響を及ぼしている。サイキック能力、ヒーリング能力、チャネリング能力を自分のなかに再び見出したいなら、自分自身を再び見出そう。自分を再発見し、本来の能力を取り戻せれば、反応型ではないコミュニケーションができるようになる。神とどんな会話をするかは、自分がふだん他の人や周りの環境、特に自分自身とどんな会話をしているかにかかってくる。

一番素晴らしいのは、自分との会話だ。自分との会話はどんな人との会話より長く切れ目なく続く。また、人間はつねに思考やフィーリングを体験している。ぼくらが自分と共有している思考やフィーリングは、思った以上に周りに影響を与えているんだ。内なる会話が現実を決める。人が自らの運命を創造しているとよく言われるのはこのためだ。統合に向かうか分離するかは、自分の思考やフィーリング次第。自分の宇宙へのカギを握るのは自分ということだ。

今の現実が気に入らないなら、自分を見つめ、脳のパターンを検証してみるのがいい。現実は思考パターンによって決まるし、同じ心の状態を長い間、ときには一生涯続けるかどうかを決めるのも思考パターンだ。それは親や社会、同僚、宗教、文化によって刷り込まれたプログラムやパターンから来ているもので、それを壊してマインドを解放したいなら、今まで受けたさまざまな影響をはずすしかない。悟りの道を一歩踏み出すには、自分を見つめ、理解していく作業が山積みだ。

人間はプログラミングされた存在だというのに、ほとんどの人が自分の受けたプログラムについて無自覚だ。文化的・社会的パターンやプログラムがいろいろな学びをもたらすのも事実だが、そろそろ自分の波動を上げて、人類の集合意識の波動を上げる時期だと思う。そのためには内側に目を向けて、そこにどんな思い込みが潜んでいるかを調べるしかない。そして自分の真実とはいったい何なのかを問いかけるんだ。

何かを決めるとき、君は自分の好きなことや自分に役立つことを規準に決めているかい？　それとも他人を喜ばせたり、「こうあるべき」という思い込みに基づいて決めているかい？　神意識とひとつになると、そこには正しいも間違いもなく、「こうあるべき」という生き方もない。ただ、自分のために人生を生きるのみだ。

人間は他人ではなく自分の考えに基づいて決断すべきだ。肉体が死んだあとに君が検証するのは、君の人生であり、君のスピリットだからだ。そろそろ自分のために生きよう。未来に生きるのをやめて、今を生きるんだ。すべてが今この瞬間に起きている。今しか存在していない。体験できるのは今この瞬間だけで、過去や未来は幻想に過ぎない。もちろん、過去の記憶にしがみつくこともできれば、未来の生活に思いを馳せることもできる。でも、どちらにせよ君が存在しているのは今だ。思考やフィーリングも今にしかなく、パターンを壊したいなら、まずは今この瞬間に起きていることを検証し、理解することだ。

コミュニケーションは気づきへのカギ――六通りのコミュニケーション法

ぼくらは外界とコミュニケーションすることで、自分の存在を認識し、確かめる。コミュニケーションはこの世界での体験を理解し、確認するための手段だ。人間はコミュニケーションを通して相手が伝えたいことを把握するが、それなくしては、相手が何を伝えたいかに気づきようがない。コミュニケーションは気づきへのカギとも言えるものなんだ。

コミュニケーションには、反応型と反応型ではないものの二通りがある。人間はこの二通りを、言葉、顕在的思考、潜在的思考、感情、物理的、スピリチュアルの六通りの方法で表現している。

言葉

言葉によるコミュニケーションには、反応型と非反応型がある。人は幼い頃から言葉を教えられるので、最も広く普及した意思疎通法といえるだろう。親や学校、社会から言葉を教わり、他者と会話して日々、意思疎通を図り、まれに独り言を言いながら自分と言葉を交わす。マインドが反応型のとき、声の荒らげ方、声音の変化、または言葉の内容でそうとわかる。反応型でないときは、自分と異なる物の見方への理解が示される。

顕在的思考

顕在的思考とは、頭のなかで自分と交わす言葉を使わない会話のことを言う。この種のコミュニケーションは実に多大な影響を現実に及ぼす。すでに伝えたけれど、現実は思考によって決まる。統合するか分離するかは頭のなかの思考次第、つまり「思考が運命を左右する」。顕在意識は絶え間なく続く傾向にあるので、それに圧倒されることもままある。だから自分を検証し、理解し、バランスの取れた顕在的思考にすることが大事だ。

生まれ育った社会や文化、両親、そしてときには自分自身のプログラムやパターンから自由になるには、強い意志が必要だ。でも、やってやれないことじゃない。古い思考パターンを新たな真実や信念に置き換えられれば、ぼくらはようやく自由な思考を手に入れられる。本当の意味で現実の創造者になれるんだ。

潜在的思考

潜在的思考とは、意識の水面下にある思考のことを言う。それに最も気づけるのは夢を見ているときだ。人間の潜在意識は、夢を通して意識の表面下にある思考やエネルギーの存在を知らせてくれる。抑圧された感情やエネルギーの存在を知らせてくれるのも夢だ。そういった感情やエネルギーを癒すには、判断することなくそれを見つめること。潜在的思考を抑圧すると、ときにひどい苦しみを味わうが、自己検証と理解によって乗り越えられれば、これ以上ないほど心が満たされる学びを得ることができる。

感情

感情を介したコミュニケーションというのもある。人の心の状態は、思考によって引き起こされる感情の表出と直接関係している。誰かに感情をぶつけるときは、たいてい反応型の状態にある。もし反応していなければ、感情が引き起こされることもなく、湧き上がってくる感情もないはずだ。

感情は顕在的思考と潜在的思考の影響を受ける。つまり、感情の引き金を引くのはマインドだ。脳がそう命じなければ、感情的な反応は起きない。ぼくらが体験し感じることは、すべて脳内の信念やパターンから来ている。だから、もし君が感情のバランスを取りたいなら、まずは脳のパターンやプログラムのバランスを取ることだ。

物理的

物理的なコミュニケーションというのは、いわゆるボディランゲージであり、周囲や環境のことをいう。言葉や感情で伝える代わりに、身体で表現するコミュニケーションだ。身体を通して顕在的思考、潜在的思考を表現する場合もある。周囲や環境というのは、自分自身の延長だ。繰り返しになるけど、現実は思考によってつくられるもので、外界は内面の反映に過ぎない。周囲や環境とどう対話しているかは、自分のいる空間をどう解釈し、どう定義しているかに関係してくる。

スピリチュアル

神は「すべてなるもの」なので、**スピリチュアルな**コミュニケーションとはすべてのコミュニケーションを指す。それは神との言語的、非言語的コミュニケーションであり、反応型・非反応型の両方を含んでいる。神はすべてであり、したがってスピリットのコミュニケーションも完全にすべてを包含している。神とのスピリチュアルなコミュニケーションをありありと感じられるのは、瞑想中やチャネリングをしているときだ。神との会話は、どんなものであれスピリチュアルな会話であり、自分や他者と交わす会話も、どんなものであれスピリチュアルな会話といえる。どうしてかって？　神はすべてであり、ぼくらのスピリットはすべてと対話しているからだ。

反応型は人間的な表現、非反応型はスピリチュアルな表現

自分がどうしてそんなふうに反応するかを理解するには、まず自分自身を理解する必要がある。それには、自分のコミュニケーション方法、感情やトリガー、思考パターンとプログラムを理解する必要がある。悟りへの道を歩く途上で自分を検証し理解するには、今の自分が反応型の状態にあるかどうか、またどんなコミュニケーション法を取っているかを理解する必要がある。自分の状態に気づいてはじめて、その状態を変容させ、バランスを取ることができるんだ。

反応型でないときというのは、視点がニュートラルな状態を指す。そのとき、ぼくらはその時々の学びを淡々と観察し、体験し、見定めている。一方、反応型のときというのは、視点がアンバランスで、通常ポジティヴかネガティヴのどちらかに大きく傾いている。脳のパターンやプログラムに基づく自動運転モードになっているため、感情も瞬時にトリガーされ、反応を起こす。しかし、心のバランスが取れれば、物事をあらゆる

視点から見て、反応し、選択する前に吟味できるだろう。

　反応は人間的な表現であり、反応しないことはスピリチュアルな表現といえる。神をチャネリングするには、どんな壁やプログラムがあろうとも、邪魔されずにスピリットにつながる必要がある。マインドをまっさらにし、「こうあるべき」という偏見や思い込みを取り払わなくちゃならない。そして生まれたばかりの幼子のように素直な気持ちで、人間としての最も高い波動である本源から純粋でクリアなエネルギーと情報を降ろすんだ。いったんスピリチュアルな自己につながれば、神のスピリットをチャネリングすることも可能だ。神のスピリットは君のスピリットの周波数に合ったエネルギー的周波数を持っている。スピリチュアルな周波数になっているとき、ぼくらは本源という最も高い周波数につながることができる。

生命の音

人間は「生命の音」そのもの。一人ひとりのなかに音楽が宿っている

音はどうして人生の重要な部分を占めるんだろう？　ぼくらが音楽や自分の文化のさまざまな音に囲まれて育ったせいだろうか？　それとも、音が身体の奥深くまで浸透して、それを身体で感じるからだろうか？

音にはそうした力が、またそれ以上の力がある。君のいちばん好きな曲を思い浮かべてほしい。それはどんな曲？　それを聴くとどんな気持ちがする？　自分が大事な成長や変化を遂げた時期を思い出させてくれるかい？　いずれにせよ、音は人生で重要な役割を果たしている。有史以来、音は人間の生活の一部だった。音楽であれ、言葉であれ、踊りであれ、音は地球上のありとあらゆる文化に織り込まれている。人類誕生以来、そしてこの宇宙とすべてなるものの創造以来、ずっと存在してきた。

人はこの世に生を享けた瞬間から、心身ともに音に浸って過ごす。それはまず生命維

持に欠かせない器官、**心臓**から始まる。心臓は、リズミカルなパターンで音の振動を生み出しつづける完璧な楽器だ。生きているかぎり、動きつづけてくれる（ただし、くしゃみをするときだけは一瞬、止まるが）。心臓の鼓動は、胸のくぼみや手首や首の脈など、身体のいくつの箇所で感じられる。医者も心臓の音に耳を傾け、「不規則な」心拍を探す。

心臓は楽器であるばかりか、この現実で生きるために必要不可欠な器官だ。心臓の奏でる音楽や波動、エネルギー流がなければ、肉体は生きつづけることができない。心臓はその人の体内と外側の両方に影響を与えるんだ。体内で振動し、その振動が音波に乗って流れ出し、今度は外界から影響を与える。

ぼくはこう信じている。**人間は生命の音そのものだ**って。文字どおり、音楽はぼくら一人ひとりのなかに宿っている。

外界から影響を与える楽器はもう一つある。声だ。声は、音波や波動、ハーモニクス、そしてエネルギーを通して当人や周りの環境に影響を与えている。必ずしも生存に必要なわけではないが、他者とのコミュニケーションには不可欠だ。声を使ったコミュニケーションには、言葉や歌、トーニング、倍音などがある。咽頭から発されて、いろいろな波動やハーモニクス、倍音となって相手に届くんだ。呼吸とエネルギーが一体になると、そのエネルギーとハーモニクスが体内の空洞に響きわたり、自分と周りにパワフルなヒーリングをもたらすことがある。

正しくつながっているときに生み出す音は、周囲全体の波動を調整する。その音波圏内にある細胞のすべてが波動の調整を受ける。つまり、ハーモニクスと倍音で細胞を全方向から調整し、細胞の波動を上げる。これはサウンド・アラインメント（音による調整）と呼ばれる方法だ。この仕組みを理解し、声や楽器を通してより多くのエネルギーを発生させることができれば、さらに強力なハーモニクスをつくり出すことができる。

どんな細胞も波動調整と活性化が必要だ。音にエネルギーを加えれば加えるほど、ハーモニクスと倍音が何層も増え、より強力なヒーリングとサウンド・アラインメントが起きる。これが音の利点だ。一人の人間が千人の観客を音で癒し、調整できる。音を発する人間が一人しかいなくても、その人が自分のエネルギーと発している音を理解していれば、その音は途方もない癒しのパワーを持つだろう。その結果、何層にもわたるハーモニクスと波動の入った素晴らしいヒーリングが起きる。

音が内面に作用する仕組みがわかれば、外界も大きな影響を受ける。ぼくらの生み出す音や音楽は、内面から始まり、音波に乗って外界へと発信され、まずは相手の外部に到達する。そして振動しながら相手の内面へと向かう。人間は音のエネルギーを同時に送受信している。音をただ感じるだけで、自分の音やエネルギー的成長を理解しやすくなるだろう。エネルギーと音の周波数を感知できれば、自分が生み出す音楽のなかで起きていることを感じ取り、マインドと肉体とスピリットを癒す助けにすることができる。

音楽は巧妙なスピリチュアリティ。根底には聖なる目的がある

音は人間の足どりをより軽やかで自由なものにしてくれる。音*が光速以上のスピードで水中を移動することはすでに実証済みだ。人間の身体が最低でも七〇（通常は七五）パーセントは水でできていることを考えれば、音波は光よりも速く体内に到達し、癒しをもたらしてくれることがわかる。

音が重要な点がもう一つある。内面により速く届くという点で、音は光を使ったどんなヒーリング手法よりも効果があるが、完璧に調和した音とエネルギーは、個人の成長と拡大に計り知れないほど役に立つ。人にたいていお気に入りの曲があるのは、潜在的にそのことを知っているからだ。その曲が好きな理由を尋ねると、だいたい「心も身体も安らぐから」という答えが返ってくる。音楽が日常にあるのは現代人の共通項だが、そこにはもっと深いスピリチュアルな理由があるんだ。素敵なことだと思わないかい？

音楽は実に巧妙なスピリチュアリティなんだ！　音楽は万人に愛されているが、その根底には神聖なる目的がある。

音は、音波や波動に乗って内臓の深部に届くという性質を持つ。その波動は内面で抑圧されてきたものに揺さぶりをかけ、細胞に必要な波動の調整をおこなう。どんな細胞でも調整可能で、調整された波動を保つには、抑圧の理由やそこにエネルギーが溜まった理由を見る必要がある。音を使った波動の調整は、人生のレッスンと密接に関連しているんだ。

音は、人間に大きな影響を及ぼす唯一の手法だ。エネルギーを信じない人にさえ作用する。光をベースに据えたヒーリング手法を超えた、最高にヒーリング効果の高い波動といえるだろう。前にも伝えたけど、**生命の音「オーム」**はこの宇宙創世の一要素だった。

あらゆる形の音を体験し、音とエネルギーを同時に感知し、生まれ持った体内の「楽器」やエネルギーシステムを使う――。自分を癒すには、そのすべてが大事だ。あらゆる音の周波数が、無条件の愛の周波数の一部だ。音を体験すると、本来の自己に近づける。本来の自己に近づくと、生命の音を体験できるようになる。すべての音が愛の一形態なんだ。音のハーモニクスと波動をどのように重ね合わせて、どう使うかで、ヒーラーとしての成長が決まるといっていい。いろいろな周波数を感じ、理解し、生み出す体験を通して、ぼくらは音の叡智を学び、いかに音が人を癒していくかを発見するだろう。自分の内側と外側でヒーリングの潜在力を解き放つカギは、音が持つエネルギーを体験することだ。何度も言うけど、音楽を体験することは、ぼくらを生み出した本源である生命の音「オーム」を体験することなんだ。

クリスタルは深いヒーリングとバランスをもたらす

結晶構造といってまず思い浮かぶのはクリスタル（結晶体）だ。クリスタルという呼び名もそこから来ている。クリスタルは一つひとつ構造が異なり、一つひとつ独自の波動と性質を持っている。多種多様な形でエネルギーのバランスを取り、ヒーリングをもたらすことができるのはそのためだ。それぞれの持つ力は特異であると同時に普遍的でもある。

人間も一人ひとり波動が異なり、独自の周波数を持っている。細胞構造の違いによって、茶色の髪の人もいれば赤毛の人もいる。一人ひとりが他と違う個性を持っているんだ。これに内面の感情と日々のレッスンのエネルギーが加わると、圧倒されんばかりの波動になったり、きわめてアンバランスな波動になったりすることがある。クリスタルを使うと、そこに深いヒーリングとバランス効果を期待できる。

自分のエネルギーや波動を調整したいとき、あるいは成長してスピリチュアルに拡大したいとき、クリスタルを使うといい。その周波数を取り入れることが人間に大いに役立つ。そばに置いておくだけでその波動の影響を受けるし、精神世界的なことをまったく信じていない人にしても同じ効果がある。すでに科学で実証済みだが、クリスタルの色や透明度が一つひとつ違うのは、独自の波動または周波数を持っているからだ。

人間側にその自覚があろうとなかろうと、クリスタルはどれも素晴らしいツールであり、優れたヒーリングをもたらす。どの周波数であろうが癒しと成長をうながし、アセンションのプロセスをうながしてくれる。また、ぼくらの日常において実にさまざまなことを教えてもくれる。でも、ぼくらの成長と拡大を最大にうながしてくれるのは、何といっても自分のスピリットと波動に共振した周波数だ。その拡大は、スピリチュアルな存在としてのアセンションの過程でもある。

音はアセンションのプロセスを加速してくれる

今さら言うまでもないが、人間の身体は七五パーセントが水分からなっている。水は人間の生命維持に不可欠なもので、肉体はその自然な水分比率をつねに保っておく必要がある。たとえば水分を最低二・五リットル失えば、頭痛や疲労感、病気、脱水症状を引き起こし、体内の水分に十分なミネラルと酸素が含まれていれば、病気やストレスと溜め込まずに済む。人体のほとんどが水でできているかぎり、水が体内の細胞エネルギー、物理エネルギーの主要な伝導体になるだろう。身体の水分はまた、スピリチュアルなエネルギーの伝導体でもある。正しい水分補給は肉体的、精神的健康だけでなく、スピリチュアルな健康にも必要なんだ。

水の粒子を拡大すると、多くの結晶構造を見て取ることができる。こうした結晶構造は、体内の水分にも存在している。ぼくらは今持っているエネルギーを使って創造し、ヒーリングし、チャネリングし、個人的な悟りの道を達成しようとしている。このとき体内や体内の水分中の結晶構造が多ければ多いほど、より多くのエネルギーをより簡単に身体に通すことができる。そしてエネルギーが活性化して通りやすくなれば、そのぶんだけ自らの悟りにエネルギーを向けられる機会が増える。そうすれば、スピリチュアルな成長のペースもさらに加速化する。ただし、スピリチュアルな成長のペースは目の前にある問題をどこまで理解できるかにかかっている。そういう意味でも、水分補給と体内の水分バランスが重要だ。

体内や体内水分の結晶構造は、アクティベーションと呼ばれるエネルギー増進法によって増やすことができる。そこでは体内の結晶構造の細胞膜に光や音、エネルギーを通すが、エネルギーを受け取った結晶構造は急速に変容し、受け取ったエネルギーの質によっては増殖することがある。結晶構造の数が増えると、急速のスピリチュアルな変容が起こる可能性が上がるんだ。こうした肉体的、霊的変容は、「アセンション」とも呼ばれるものだ。

ぼくらが細胞レベル、スピリチュアルなDNAレベルで成長と変容を遂げ拡大するほどに、エネルギーとスピリットも拡大し、結果として波動も高くなる。波動と周波数の上昇は、スピリット体の変化もしくはアセンションの度合いを示し、肉体にエネルギー的な影響を及ぼすことになる。この変化はアセンション・プロセスと呼ばれるが、つまり、体内の結晶構造の周波数を変えることでアセンションが可能だということだ。

ここでは音も重要な要素だ。ぼくらの体内には一瞬一瞬を刻む心臓という楽器が内蔵されているがゆえに、人間は肉体、マインド、スピリットに至るまで、音に大きく影響を受ける。人間の成長と拡大と癒しにおいて、音は最もパワフルで重要な要素の一つということだ。

光はこの宇宙で最速といわれている。確かにそのとおりだが、肉体とエネルギー体を活性化《アクティベーション》する際には、他にも考慮すべき要素がある。なかでも重要なのは、水中では音の方が光よりも速いという事実だ。＊つまり、人間の身体は光よりも音の周波数に強く共鳴するということだ。一日中、太陽にさらされると身体が疲弊するが、誰かと一時間口論しても、同じだけのストレスを受ける。直射日光を浴びるより、他者と口論した方が短時間で消耗する理由はそこにある。

音は光よりはるかに短時間で肉体に周波数を通すことができる。これを前提に、日常生活のさまざまな音に注目してみよう。どんな音も、プラスあるいはマイナスの電荷を帯びているが、それぞれの音を認識し判断するのは、マインドの仕事だ。ぼくらの耳に日々入ってくる音や音楽は、マインドの認識と判断に基づき、肉体に何らかの形で大きな影響を与える。

波動が高くバランスの取れた音楽をかければ、身体のバランスを取る助けになるが、それが起きるのはマインドが受け入れた場合に限る。マインドの検閲（認識と判断）が介入しなければ、音楽は肉体とスピリチュアルな身体を調整してくれるんだ。

マインドに邪魔をさせたくなければ、クリスタルボウルを使うのがいい。これがベストな方法だ。回転し、螺旋を描くクリスタルボウルの音が調和し合っていれば、脳を深いリラックス状態あるいは睡眠状態に導ける。このとき、もし受け手の周波数が高ければ、その音楽の恩恵を受け取ることができるだろう。

物質世界では、そうして結晶体の周波数を取り入れ吸収することで、バランスを取ることができる。音のハーモニクスはまた、細胞や体内の水、スピリチュアルなＤＮＡの結晶構造を急速に増やす作用もあるから、アセンションの各ステップにかかる時間も短縮できて、プロセスそのものが加速する。

以上のように、水、音、クリスタルの結晶性の周波数は、スピリットの成長と拡大にとってきわめて重要な役割を果たしてくれる。そのどれもがぼくらの波動を上げ、アセンションの各レベルに至る時間を大いに短縮してくれる。もちろん自分で検証し、レッスンを理解したいという意欲も大切だ。そうしたもろもろのことを通じて、ぼくらは悟りへの道を行きながら、さらなる成長を遂げられるんだ。

＊編集部注

この件に関する著者の見解の詳細は次のＵＲＬを参照のこと（英文のみ）。

http://physicsworld.com/cws/article/news/2005/nov/01/could-sound-move-at-the-speed-of-light

また著者の見解に関連する記事は次のＵＲＬを参照のこと（英文のみ）。著者によると、これはポリマーがプラスティックの成分であることがカギであり、その実験は、何千ものプラスティックボールとともに水中でなされたという。人間の体もポリマーを含んでいるという。

http://www.chemistryexplained.com/Pl-Pr/Polymers-Natural.html

http://scuba.about.com/od/Theory/p/Sound-Travels-About-4-Times-Faster-In-Water-Than-In-Air.htm

http://www.dtmag.com/Stories/Dive%20Physiology/12-97-feature-2.htm

おわりに
ぼくから君への問いかけ

愛は唯一の手がかり

人間と天使とジンのスピリットを、肉体にいながらにして理解し説明できるようになるには、かなりの進化を要する。偽りの世界平和のなかで自分を騙しつづけることなんてできないし、ましてや、スピリチュアルと称する人々が互いに競争し合っているなんて、ジョーダンにしても趣味が悪すぎる。競うべきことなんて、そもそもないんだ。競争では勝者は一人しかいない。だけど人生はそういうものじゃない。ぼくらは互いのためにここにいるわけだし、そろそろ心をひとつにしないと、すべての知的生命体のハートにやさしさと平等が息づく未来は望むべくもないだろう。でも、未来を見る前に、まず今から始めよう。過去から学んで、何よりも愛を忘れないこと。よいときも悪いときも、愛に導かれて生きていこう。調和の取れた平和な未来づくりには、愛が唯一の手がかりなんだ。

人生はゲームじゃない

人生はゲームでもなければ競争でもない。勝ち取るべき賞もなければ、防衛すべきタイトルもない。スピリットの進化は勝ち負けの両方に根ざしているんだ。一番になることが最優先項目じゃない。それよりも、自分の現実に存在するすべてとひとつになることを優先すべきだ。スピリチュアルな世界に住む人間は、この世界のすべてのスピリットに対して義務がある。自らが手本となって神の神聖なる意思を生きるという義務だ。エゴを暴走させて、互いに競い合っていては、とうてい手本は示せない。そんな生き方はスピリチュアルな進化とは無縁だ。人生はレースではないし、完璧な存在になることや至高の種族になることでもない。どうしてかって？　真に悟った人間は、誰しも同じ境地に至るからだ。

ぼくにとって「何が人生ではないか」をわかってもらえたと思う。そのうえで今ようやく、ぼくの人生の秘密を解き明かせる。これを聞けば、君も自分の人生の秘密に気づけること間違いなしだ。

ぼくにとって人生とは、分かち合い、思いやること。愛すること、と同時に、嫌悪すること。人生におけるアップダウンであり、どんな体験のなかにもバランスを見出すこと。ぼくはヒーラーにして見る者《シーアー》、そして真実の求道者。神の意思に基づいて、宇宙の秘密を明かすことがこの地球におけるぼくの役目だ。この宇宙の燃料たる生命体系のバランスを取り戻すという意思に仕えるうえで、ぼく自身の意思はさほど重要ではない。

誰もが自分の人生の秘密を知っている。人生の意味を探し出し、見出すのは、本人次第なんだ。自分にとって何が最善かは他人に聞くことではない。他人は、自分とは違う人生を生きているのだから。単純な概念こそが、最も複雑なエネルギーに光を当ててくれるんだ。

ぼくは生きるために愛し、愛するために生きる。君は？

ぼくにとって人生とは、与えられた意志をいかに使うかということだ。自由意志は光にもなれば闇にもなる。善にもなれば悪にもなる。自分の意志をコントロールすれば、生きとし生けるものすべてと調和しながら平和に暮らせるだろう。人生は単なる奇跡を超えた、愛そのものなんだ。愛がなければ、この形態をとって生きる理由がない。人生とは不完全さを受け入れることであり、生まれ持ったエネルギーが肉体と同じく成長し、進化していくのを見ることだ。人生はワンネスであり、学びであり、思い出すことなんだ。

君にとって人生とは何を意味する？　少しの間、考えてもらえるかな。君は人生から何を得たい？　それが今手に入っていないなら、どうすれば手に入るかな？　人生で欲しいものを得るためには、欲しくないものを体験する必要があるんだ。生きるために愛し、愛するために生きる。それがぼくにとっての人生の意味だ。君とって、人生の意味とは何だろう？

謝辞

この本に貢献してくれた妻のクリスタルに感謝します。彼女の継続的な愛とサポートがなければこの本は世に出なかったでしょう。

ぼくを生んでくれた母のスージーに感謝します。母は幼い頃からぼくの能力を受け入れ、困っている人につねに手を差し伸べています。母がぼくを受け入れていなければ、この本を書くことはできなかったでしょう。

ぼくを信じ、チャネリングの内容を本にするようにすすめてくれたナチュラルスピリットの今井博央希社長に感謝します。彼がいなければこの本の実現は本当に不可能でした。この本を執筆するというチャレンジを与えてくれてありがとうございます。結果として、自分や聖なる源について多くを学ぶことができました。

また、この本を日本のすべての人々に捧げます。日本の人々とスピリチュアリティの真実を共有できることに感謝します。真実を探求したいというあなた方の知的好奇心がなければ、この本が存在することはなかったでしょう。

感謝をこめて

ブライアン・シャイダー

著者紹介

ブライアン・シャイダー　Brian Schider

サイキック・ヒーラー。幼少時から卓越した能力を持ち、チャネリング、エネルギーヒーリング、パワーストーンアクセサリーのデザインなどを手がける。セドナでしばらく活躍していたが、現在はカリブ海に移住。親日家で日本文化と日本人に対する理解が深く、来日の機会も多い。個人セッションやワークショップは常に好評である。

クリスタル・シャイダー　Crystal Schider

ブライアンの妻。大天使やマスターたちのいにしえの音を使って、肉体と魂という二つの極性にバランスをもたらすエンジェリック・サウンド・ヒーラー。ブライアンと共にワークショップを行い、個人セッションも行う。歌声とクリスタルボウルの音楽により高次元のエネルギーを伝える。

ブライアンとクリスタルの日本でのワークショップと個人セッション情報は、
ナチュラルスピリットのホームページよりご覧ください。
http://www.naturalspirit.co.jp/

訳者紹介

草笛 哲（くさぶえ てつ）

多言語、多民族のなかで育つ。言葉の奥にある文化・精神性に興味を持ち、翻訳業に就く。

ディバイン・インセプション
クリスタル・チャイルドが語る宇宙と生き方

●

2015年11月11日　初版発行

著者／ブライアン・シャイダー
　　　クリスタル・シャイダー

訳者／草笛 哲

装丁／宮坂 佳枝
編集・ＤＴＰ／佐藤惠美子

発行者／今井博央希

発行所／株式会社ナチュラルスピリット
〒107-0062　東京都港区南青山5-1-10
南青山第一マンションズ602
TEL 03-6450-5938　FAX 03-6450-5978
E-mail：info@naturalspirit.co.jp
ホームページ http://www.naturalspirit.co.jp/

印刷所／創栄図書印刷株式会社

ISBN978-4-86451-179-7　C0014